AF363766

SUITE

DE

LA FEMME

DOCTEUR,

COMEDIE NOUVELLE
En Cinq Actes.

A LIEGE,
Veuve Procureur, au vieux Marché

M. D. CC. XXXII.

LA
FEMME DOCTEUR
VANGÉE,

OU

LE THEOLOGIEN
Logé à Bîcetre.

PREFACE

LA Comedie de la *Femme Docteur* a été reçuë si favorablement du Public, que j'ay cru devoir y ajoûter celle - cy aura l'avantage sur la premiere que le dénoüement ne sera point contesté, puisque les Jansenistes l'on réalise, & qu'ils ont fait voir qu'il y a des choses vraies qu'on ne croiroit pas même vrais semblables. On a representé cette Piece le Lundy cinquiéme de Fevrier chez la Marquise de *** où la premiere avoit été joüee, je luy en ai laissé l'exemplaire, quo que je sois occupé de choses plus serieuses je donnerai volontiers de ces divertissemens au Public, puisque M^{rs} les Jansenistes nous fournissent un fond inepuisable de folies ; ces Mrs ne m'oublient pas dans leurs Gazette, je ne les oublierai pas dans mes delassemens.

Le Sage nous dit que quand l'insensé ne se rend point aux bonnes raisons, il faut repondre en badinant à ses folies. C'est ce qui m'a determiné à mettre en Scenes, quelques unes des extravagances du Parti.

Responde stulto juxta stultitiam suam ne sapiens sibi esse videatur. Prov. c. 26. ℣. 5.

A 2

ACTEURS.

M. PRUD'HOMME.

M. GROSBEC, Frere de M. Prud'homme.

MADAME PERETTE,

Mesd. DE PINSEBREF.
JULIE.
BABET. (Filles de Mad. Perette.

M. COURANT, Frere de Madame Perette.

M. FEUILLECODE, Avocat.

M. DE BONNEVUE, Officier.

MADAME GROSBEC.

ROZETTE & TORTICOLIS, Filles de Chambre.

CASTORET, Quêteur.

La Scene est à Paris au Tombeau de Monsieur Paris.

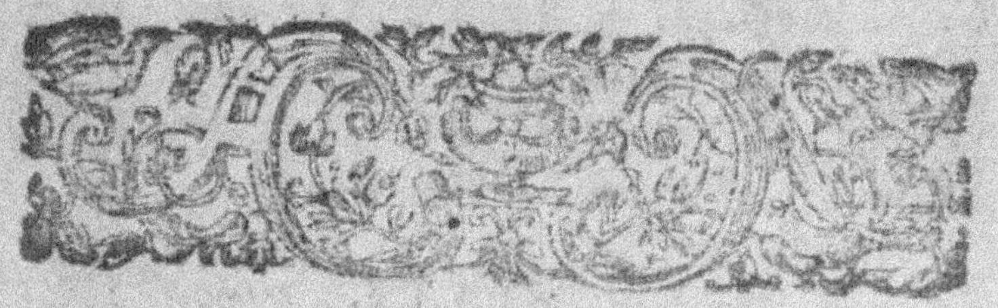

SUITE

DE LA

FEMME DOCTEUR

COMEDIE NOUVELLE
En Cinq Actes.

ACTE PREMIERE.

SCENE I.

ROZETTE, Mᵉˡˡᵉ JULIE.

ROZETTE.
Çavez-vous la nouvelle ?

Mᵉˡˡᵉ JULIE.
Quoy ?

A 3

ROZETTE.

Vous ne la sçavez pas ?

Melle JULIE.

Non, dis-moy qu'y-a-t-il de nouveau ?

ROZETTE.

Vous ne l'avez pas lûë ?

Melle JULIE.

Que veut-tu dire ? Explique-toi donc ?

ROZETTE.

Elle court toute la France cette fameuse Piece, & vous ne l'avez pas lûë ?

Melle JULIE.

Quelle Piece ?

ROZETTE.

La Femme Docteur, la Theologie tombée en Quenoüille, la Femme Theologienne. Rien n'est plus plaisant.

Melle JULIE.

L'a-tu lûë ?

ROZETTE.

D'un bout à l'autre, vraiement Madame Betard vôtre chere Tante, & vâtre chere Cousine Mademoiselle de Fondsec y sont bien traitées, nous allons avoir beau carillon.

Melle JULIE.

On y parle de ma Tante, & de ma Cousine ?

ROZETTE.

Elles y sont, & tont de leur long.

Melle JULIE.

Tout est perdu, ma mere & ma sœur vont faire un beau tapage.

ROZETTE.

Elles l'ont échapée belle, heureusement l'Auteur ne les connoit pas, il les auroit, ma foi, habillé de la bonne maniere.

Melle JULIE.

Y a-t-il moyen de voir la Piece ?

ROZETTE.

Vous la verrez, attendez un peu que je me rapelle, Mademoiselle Baudichon, & Messieurs de la Cinquantaine, rien n'est plus drôle.

Melle JULIE.

Eh bien !

ROZETTE.

M. Frondebulle, ah ! M. Frondebulle, & Mrs les Cinquante, les Cinquante Avocats, Messieurs les Avocats.

Melle JULIE.

Que veux-tu dire ?

ROZETTE.

Nos libertés Messieurs, & les Droits du Royaume morbleu !

Melle JULIE.

Est-tu folle ?

ROZETTE.

Nos libertés, vous dis-je, & les Droits du Royaume.

Melle JULIE.

Finiras-tu bientôt ?

ROZETTE.

Oh que vous êtes pressée !

Melle JULIE.

Je té demande si je puis lire la Piéce ?

ROZETTE.

Non ! je ne l'ai plus, vôtre Oncle M. Coutame m'a chargé de la donner à vôtre chere Sœur.

Melle JULIE.

Tu l'as porté à ma sœur ?

ROZETTE.

A elle-même.

Melle JULIE.

Voilà pour elle un terrible reveille matin , car elle est furieusement antichée.

ROZETTE.

Et Madame vôtre chere Mere , ma chere & bonne Maîtresse Madame Perette ne lui cede en rien.

Melle JULIE.

Je crois qu'elles me feront mourir avec toutes leurs folies de Jansenisme, ne voilà-t'il pas une bel-le occupation pour des Femmes ?

ROZETTE.

Très-belle & très-bonne.

Melle JULIE.

Tu te moque !

ROZETTE.

J'y trouve mon compte, & ces Messieurs ne me laissent manquer de rien , j'ai encore reçû aujond'hui de belles & bonnes Etrênnes de M. Prud'homme, le Saint & sçavant Directeur de vôtre chere Mere.

Melle JULIE.

Tout de bon !

ROZETTE.

Sans doute, le bon est qu'il ne se defie pas de moi.

Melle JULIE.

Je ne sçai ce que tu as fait à M. Prud'homme, mais tu lui as furieusement donné dans la vûë.

ROZETTE.

Mon Dieu ! n'en pensez pas railler ; nous avons ensemble de grandes Conferences sur nos libertés.

Melle JULIE.

Les libertés de l'Eglise Gallicane ?

ROZETTE.

Qu'importe, laissez-moi joüer toûjours le Personnage dont nous sommes convenû & vous verrez beau jeu.

Melle JULIE.

Quelque chose qu'il arrive, tache toûjours d'éloigner d'ici son frere M. Grosbec, que ma sœur l'épouse si elle veut, pour moi je n'en veux point, je m'en déclare net.

ROZETTE.

Mademoiselle Pinsebref vôtre chere sœur ne veut point se marier ; si donc, la charité prédomine en elle d'une furieuse force.

Melle JULIE.

Et moi, je ne veux point de M. Grosbec.

ROZETTE.

Je vous conseille de le prendre en attendant mieux, vous êtes jeune, belle & riche, vous ne pouvez que perdre pour attendre.

Melle JULIE.

Tu te moques.

ROZETTE.

Vous avez raison, sa phisionomie ne me revient
point, mais vôtre mere le veut & vous aurez peine
à vous tirer d'intrigue, si je ne m'en mêle, patience,
voici vôtre sœur, qui ne me paroît pas avoir l'ame
trop contente, je vous laisse ici tous les deux.

SCENE II.

Melle JULIE, Melle PINSEBREF,

Melle JULIE.

MOn Dieu, ma sœur, qu'avez-vous ? Vous
paroissez de mauvaise humeur de bon matin.

Melle PINSEBREF.

En verité, on n'y tient pas, laisser imprimer des
Piéces qui vont à décrier ce qu'il y a de plus Saint.

Melle JULIE.

Quoi donc ? Est-ce quelque écrit contre Mrs les
Cinquante, quelque Apologie contre les Miracles
de S. Paris, quelque Arrêt de la Cour contre les
Sauteurs ?

Melle PINSEBREF.

Les Magistrats dévroient mourir de honte, de
souffrir un scandale aussi grand.

Mel'e JULIE.

Quoi, est-ce quelque Article de la Gazette Eçc
clesiastique ?

Melle PINSEBREF.

N'est-ce pas une chose épouventable,

Melle JULIE.

C'est un écrit detestable.

Melle PINSEBREF.

Mon Dieu ma Sœur ne faites point tant l'igno‑
rante, vous sçavez mieux que moy de quoy il s'agit.

Melle JULIE.

En verité je ne sçay ce que vous voulez dire.

Melle PINSEBREF.

Vous n'avez pas lu cette Piece maudite & de‑
testable.

Mel'e JULIE.

Non, Rosette m'a bien dit qu'elle vous avoit
porté une Comedie de la part de mon Oncle.

Melle PINSEBREF.

Une telle méchanceté ne sçauroit s'excuser.

Melle JULIE.

Il y a donc bien de la malice.

Melle PINSEBREF.

Je suis dans une colere que je ne me tiens pas.

Melle JULIE.

Vous êtes bonne de vous échaufer la bile pour
une bagatelle.

Melle PINSEBREF.

Oüi ma Sœur une bagatelle, nous y sommes
bien traitez en verité, voilà un ridicule sur la fa‑
mille qui nous fera beaucoup d'honneur.

Melle JULIE.

Sur la Famille.

Melle PINSEBREF.

Oüi sur la famille, il faut aller en remercier
l'Auteur.

Melle JULIE.

Qu'en a t'il donc dit ?

Melle PINSEBREF.

Ma Tante est une bonne Idiote, une bonne bête, qui n'entend rien à la Constitution.

Melle JULIE.

Pas trop.

Melle PINSEBREF.

La pauvre femme est bonne Catholique dans le
fond, mais on lui fait accroire tout ce qu'on veut ;
l'argent qu'elle donne pour la bonne Cause, elle
croit que c'est pour soulager les pauvres, & il n'en
est rien.

Melle JULIE.

Je le croirois assez.

Melle PINSEBREF.

Ma Cousine de Fondsec, est une bonne enfant
qui vole à sa Mere, ce qu'elle donne pour les charités du bon Party.

Melle JULIE.

Celuy-la est un peu fort, si elle fait comme
vous, vous n'avez jamais rien pris à ma Mere que
ce qu'elle a bien voulu.

Melle PINSEBREF.

Qu'y ! trouvez-vous à redire.

Mlle JULIE.

Rien, mais je voudrois qu'elle payat ses dettes,
avant que d'entretenir des Communautés de Filles
fanatiques.

Melle PINSEBREF.

Des Filles fanatiques !

Melle JULIE.

Oüi ma Sœur, j'appelle ainsi vos Dames du B * * *
à qui ma Mere vient d'envoyer pour deux mille livres de belle Toille, qu'elle auroit bien mieux fait
de mettre dans sa maison.

Melle PINSEBREF.

Les Religieuses du B * * * les bonnes amies de ma
Mere, des Filles fanatiques !

Melle JULIE.

Et comment voulez-vous donc que j'appelle des
Filles, qui depuis dix ans n'ont pas plus de Messe
chez elles, que si elles étoient à Geneve.

Melle PINSEBREF.

Voilà de vos préventions & de vos discours or-
dinaires, mais je ne m'en fache pas.

Melle JULIE.

De mes préventions !

Melle PINSEBREF.

Oüi, vous n'êtes pas instruite ?

Melle JULIE.

Quoi ! vous approuvez que des Filles soient des
dix années entieres sans Confession ?

Melle PINSEBREF

C'est l'ancienne Discipline qu'elles font refleurir.

Melle JULIE.

La Morale est nouvelle en effet & fort édifiante.

Melle PINSEBREF.

Si elles ont la Charité dominante, qu'ont-elles
besoin de Confession ?

Melle JULIE.

Quoi ! leur Charité dominante n'a pas déché
depuis dix ans ?

Melle P I N S E B R E F.

Leur Communauté est l'Image des premiers Fidels ; elles ne font qu'un cœur & qu'un ame.

Melle J U L I E.

En verité ma Sœur, voilà des visions toutes pures, des extravagances que M. Prud'homme vous met en tête, je m'en embarasserois peu, si le plus clair & le plus net de nôtre bien ne s'en alloit par là.

Melle P I N S E B R E F.

Ma chere Sœur, ne vaut-il pas mieux faire triompher la grace, que d'enrichir sa Famille ?

Melle J U L I E.

Plaisant triomphe, entre-autre, de dépoüiller des enfans, pour entretenir des têtes felées.

Melle P I N S E B R E F.

En verité ma Sœur, vous ne menagés point vos termes.   Melle J U L I E.

Je les menage trop, je suis outrée de tout ce que je vois, il faut que je parle une bonne fois à ma Mere : la voici fort à propos.

SCENE III.

Mme PERETTE, Melle JULIE,

Melle PINSEBREF.

Mme P E R E T T E.

V Ous voilà mes Filles, bien diligentes ce matin ?

Melle JULIE.

Vous voyez, & vous : vous voilà de retour à bonne heure ?

Mme PERETTE.

Ce n'est pas ma faute ; J'ay celebré aujourd'huy avec notre nouveau Vicaire, c'est un vrai Moliniste, il n'a pas été plus de trois quarts d'heures à l'Autel.

Melle JULIE.

C'est-à-dire, que vous avez assisté à une Messe qui a duré trois quarts d'heures, c'est bien assez pour contenter votre dévotion.

Mme PERETTE.

Oh ! pour celui-la, il a dit la Messe tout seul.

Melle JULIE.

Et avec qui voulez-vous donc qu'il l'a dise ?

Melle PINSEBREF.

Ma sœur on voit bien que vous n'étiez pas hier à la Conference de M. Prud'homme.

Mme PERETTE.

Sçachez ma fille qu'en assistant à la Messe, nous celebrons conjointement avec les Prêtres de l'Eglise.

Melle JULIE.

Nous autres nous celebrons la Messe ?

Melle PINSEBREF.

Oüi, ma sœur, oüi, cela est demontré dans nos principes.

Melle JULIE.

Oh oh ! cela est nouveau, quand j'entendois la Messe, je croyois entendre la Messe des Prêtres & n'est à la Messe des femmes que j'assiste.

Mme PERETTE.

Très-assurement ma chere fille.

Melle JULIE.

Je ne le sçavois pas ma chere mere, voyez vous, on apprend tous les jours quelque chose de nouveau avec M. Prud'homme, mais d'où-vient qu'il ne celebre jamais avec vous ?

Mme PERETTE.

C'est qu'il s'en croit indigne, & il m'a dit qu'il s'en abstenoit par devotion.

Melle JULIE.

Le Saint Homme

Mme PERETTE.

Il n'y a qu'à le voir pour être persuadée de sa vertu.

Melle JULIE.

Je le vois souvent sans en être persuadée.

Mme PERETTE.

Comment ?

Melle JULIE,

Je dis que je suis bien aise que vous soïez persuadée de la vertu.

Melle PINSEBREF.

Si ma mere ne prenoit soin de lui, en verité il ne resisteroit pas au travail qu'il fait.

Melle JULIE.

Oüi, il apprend le Catechisme à Rozette, & il fait reciter à Babet des Vers contre le Pape & les Evêques. Voilà une occupation bien penible.

Melle PINSEBREF.

Je sçai qu'il fait de bonnes œuvres du matin au soir.

Melle JULIE.

Melle JULIE.

Il les fait donc en cachette ?

Melle PINSEBREF.

Eh oui, sa charité le rend ingenieux, il n'y a que
Dieu & lui, qui sç che ce qu'il pratique en ce genre.
Mais il ne s'agit pas maintenant de cela, il s'agit de
dire ce qui nous est arrivé ce matin, à peine éties
vous sortie que Rozette.....

Mme PERETTE.

Quoy ! Rozette vous a fait du bruit, ne la voilà
t'il pas, Rozette !

Melle JULIE.

Eh ! non Madame, non, ce n'est point cela,
Rozette nous a apporté un Livre.

Mme PERETTE.

Contre le Mandement des Evêques ?

Melle PINSEBREF.

Un Livre qui nous désole, un Livre où nous sommes
mes tournez en ridicule, oüi c'est une des plus ma-
lignes Piéces qu'on ait fait contre nous, *la Theologie
en Quenoüille.*

Mme PERETTE.

Eh ! mon Dieu, ma fille, tout est perdu, vite il
faut aller chez M. Prud'homme, il faut remedier
à ce mal, Rozette.

****

***

*

B

SCENE IV.

ROZETTE, MADAME PERETTE,
M^elles JULIE & PINSEBREF.

ROZETTE.
EH bien Madame ?

Mme PERETTE.
Qui est-ce qui t'a donné le Livre que tu as apporté ce matin ?

ROZETTE.
Quoi cette Comedie ?

Melle PINSEBREF.
Oüi.

ROZETTE.
C'est M. Courant qui n'a pas voulu qu'on reveillât ces deux Demoiselles, qui me l'a donnée.

Mme PERETTE.
Il ne t'a rien dit ?

ROZETTE.
Non, il m'a dit seulement de donner sur le champ à Mademoiselle Pinsebref, la Comedie de la Femme Docteur, qu'il lui avoit coûté bien cher.

Mme PERETTE.
Eh bien, cours vite chez lui ; dis-lui que nous l'attendons, & qu'il amene M. Prud'homme pour une affaire pressante.

Melle JULIE.
Voilà Monsieur de Bonnevûë.

Melle PINSEBREF.
Ce n'est pas moy qu'il cherche, je vous laisse seuls avec lui.

SCENE V.

Mme PERETTE, M. DE BONNEVUE
MADEMOISELLE JULIE.

Mme PERETTE.

EH bien, Monsieur, avez-vous lû cette belle Piéce qui fait tant de bruit ?

M. DE BONNEVUE.

La Femme Theologienne, non Madame j'ai couru ce matin tous les Libraires sans en pouvoir trouver

Melle JULIE.

Que dit-on dans le monde de cette Piece ?

M. DE BONNEVUE.

On l'a trouve très-bien faite, elle a grand succez, on dit qu'il y a des Sçenes inimitables, je souhaite extremement de l'a voir, vôtre Gazettier l'a décrie fort, mais je voudrois bien qu'il nous eut enseigné où on l'a vend.

Mme PERETTE.

Ma fille m'a dit que c'étoit une Piece très-méchante.

M. DE BONNEVUE.

Est-ce que Mademoiselle Julie l'a lûë ?

Melle JULIE.

Point du tout, c'est ma sœur, à qui mon Oncle l'a envoyée, qui l'a trouvé detestable.

Mme PERETTE.

Il faut que j'en ais le cœur net, je vais l'a chercher, nous en lirons quelques Sçenes, attendez-moi ici un moment,

B 2

SCENE VI.

Melle JULIE, M. DE BONNEVUE

Melle JULIE.

Elle fera bien payée de fa curiofité.

M. DE BONNEVUE.

Comment donc ?

Melle JULIE.

C'eft que ma Tante & ma Coufine y font pour leur compte.

M. DE BONNEVUE.

Elles font dans la Piéce ?

Melle JULIE.

Elles y font l'une & l'autre : ma Tante comme une bonne Idiote, dont les Janfeniftes efcamotent les Ecus ; & ma Coufine comme une Sœur de l'Ordre, qui vole à fa mere ce qu'elle donne A LA Boë-TE A PERETTE.

M. DE BONNEVUE.

Je ne fçaurois m'empêcher d'en rire, en verité, ce font de grandes extravagances, je fuis charmé que vous ne donniez pas dans ces folies là.

Melle JULIE.

Je les abhorre.

M. DE BONNEVUE.

Je fuis au defefpoir que vôtre mere foit infatuée de ces Meffieurs, & qu'elle veüille donner en mariage une auffi aimable perfonne que vous, à Monfieur Grofbec qui eft fur le Janfenifme, fur les miracles de S. Paris, & fur les Convulfions auffi fou que fon frere,

Melle JULIE.

Moi, épouser M. Grosbec, il faudroit que j'eusse perdu la tête & que je fusse tombée en Convulsion.

M. DE BONNEVUE.

Je suis charmé de vous voir dans ces sentimens, je vous en ai souvent proposé un autre, qui trouve encore le moment de vous découvrir le fonds de son cœur.

Melle JULIE.

Vôtre attachement m'est connu depuis longtems, mais ma mere ne le souffrira jamais, vous n'êtes pas du gout de Monsieur Prud'homme.

M. DE BONNEVUE.

Mais si j'avois le consentement de vôtre mere me refuseriez vous le vôtre?

Melle JULIE.

Ayez l'agrement de ma mere, j'y consens: vous me donnerez par-là le moyen de vous aimer sans crime.

M. DE BONNEVUE.

J'attendois cette heureuse parole, j'y vais travailler de tous mes soins.

Melle JULIE.

Vous aurez bien de la peine à la gagner.

M. DE BONNEVUE.

Voici Rosette, il faut qu'elle me seconde dans mes desseins.

Melle JULIE.

Je vous laisse, de peur qu'on ne nous trouve ici tous ensemble.

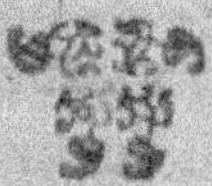

SCENE VII.

ROZETTE, M. DE BONNEVUE.

ROZETTE.

Vous étiés là , je pense en conference avec
Mademoiselle Julie?

M. DE BONNEVUE.

Oüi , ma chere Rozette & j'en étois charmé ;
mais je suis perdu sans toy ?

ROZETTE.

Vous vous retrouverez toûjours bien.

M. DE BONNEVUE.

Je suis perdu , te dis je : si le frere de M. Pru-
d'homme épouse Julie.

ROZETTE.

Je ne sçaurois qu'y faire, M. Grosbec est un joli M.
un peu vieux mais qu'importe : je l'ay vû ce matin
en perruque carrée & en manteau court sur le Tombeau de S. Paris, on le prendroit pour un Duc & Pair

M. DE BONNEVUE.

Elle ne veut point de lui absolument.

ROZETTE.

Tantpis, elle auroit bien le plus parfait Janseniste
de la Ville. M. Frondebulle n'y fait œuvre.

M. DE BONNEVUE.

Et voilà ce qui l'en dégoute absolument.

ROZETTE.

C'est-à-dire, que vous voudriez trouver le moïen
d'écarter M. Grosbec & de prendre sa place ?

M. DE BONNEVUE.

Eh oüi ; tu as trouvé le nœud de l'affaire.

ROZETTE.

Et voilà justement ce qui n'est pas facile, Madame veut M. Grosbec, il est frere de M. Prud'homme son Directeur bien aimé : voilà ce qui gâte vos lunettes.

M. DE BONNEVUE.

Tu n'as jamais rien trouvé de difficile.

ROZETTE.

Ceci passe mon sçavoir faire.

M. DE BONNEVUE.

Tu es l'incomparable Rozette.

ROZETTE.

Trève de douceur, quand on a besoin de moy je suis l'incomparable.

M. DE BONNEVUE.

Sçache que je ne seray pas ingrat de tes services, cherche dans ta tête les plus promptes moyens de réussir.

ROZETTE.

J'ai l'imaginative aussi bonne que personne, je réveray à cette affaire.

M. DE BONNEVUE.

Puis-je l'esperer ?

ROZETTE.

Donnez moy patience.

M. DE BONNEVUE.

Tu me le promets donc ?

ROZETTE.

Je vous promets que je vais être tansée de la bonne maniere.

~~~~~~~~~~~~~~~~~~~~~~~~~~

SCENE VIII.

Mme. PERETTE, ROZETTE,
M. DE BONNEVUE.

Mme. PERETTE.

NE voilà t-il pas la plus impertinente fille du monde ; (excusez moy Monsieur, Est-ce que je t'ay envoyée pour ne plus revenir ?

ROZETTE.

Je ne pouvois aller plus vite sans me casser le col, un col comme le mien est un morceau rare voi z vous & puis, qui auroit fait des Neuvaines pour moi ? je suis encore toute essoufflée d'avoir couru.

Mme. PERETTE.

Eh bien ?

ROZETTE

Eh bien, je n'ay trouvé ny M. Courant ny M. Prud'homme.

Mme PERETTE.

Jamais tu ne fais une commission comme il faut.

ROZETTE.

Comment d'autre, voulez-vous que je fasse ? que je trouve le monde, quand le monde n'y est pas ?

M. DE BONNEVUE.

Elle a raison.

Mme PERETTE.

On lui fait accroire tout ce qu'on veut.

ROZETTE.

C'est donc à dire qu'on ment chez M. Prud'homme?
UN JANSENISTE N'ENRAGE PAS POUR MENTIR.
~~~~~~~~~~~~~~~~~~~~~~~~~~

Mme PERETTE.

Que dis-tu ?

ROZETTE.

Je dis que je ne crois pas qu'on ait voulu mentir chez Monsieur Prud'homme.

Mme PERETTE.

Rentre vite & fais bien repeter les Vers à cet enfant, afin que M. Prud'homme n'ait pas avec elle la peine qu'il eut hier.

SCENE IX.

M. DE BONNEVUE, Mme PERETTE.

M. DE BONNEVUE.

EH bien, Madame, le mariage de Mademoiselle Julie, est donc enfin resolu avec M. Grosbec.

Mme PERETTE.

Oüi, Monsieur, j'espere que tout sera terminé avant la fin du mois, c'est un bon Parti, mais ce qui me fait plaisir, c'est qu'il pourra faire revenir ma fille de ses entêtemens.

M. DE BONNEVUE.

Quoi, Madame, vous voulez la rendre malheureuse en lui faisant épouser une personne, dont elle ne peut souffrir les sentimens.

Mme PERETTE.

Il faut bien qu'elle cede : Quelle raison a-t'elle de s'obstiner comme elle fait contre la verité ?

M. DE BONNEVUE.

Mais, Madame, elle vous dit qu'elle a été élevée dés sa jeunesse dans des sentimens de soûmission à l'Eglise.

Mme PERETTE.

Oüi, c'est ma faute & je m'en repens bien ; je n'étois pas encore au fait des bons Principes, mais depuis que M. Prud'homme m'a instruite, je vois clairement où est la verité & si ma fille ne pense pas comme moi, elle n'y trouvera pas son compte.

M. DE BONNEVUE.

Mais, Madame, elle vous dira qu'elle ne veut point entrer dans ces sortes de disputes, & qu'elle s'en tient à la soumission.

Mme PERETTE.

Belle soumission, vraiment, qu'elle lise, qu'elle s'instruise.

M. DE BONNEVUE.

Quoi, vous voulez obliger une jeune personne à lire de gros Ouvrages qu'elle ne croit pouvoir lire en conscience.

Mme PERETTE.

Comment, Monsieur, des Ouvrages contre la Bulle & ceux qui l'on faite, font des Ouvrages qu'on ne peut lire en conscience? Vous vous moquez.

M. DE BONNEVUE.

L'Eglise les défend.

Mme PERETTE.

L'Eglise! Vous en êtes encore là, si vous aviez entendu ce que M. Prud'homme m'a dit là-dessus.

M. DE BONNEVUE.

M. Prud'homme est un particulier, j'aimerois mieux croire ceux qui parlent avec l'Eglise que d'écouter M. Prud'homme qui parle seul & qui peut se tromper.

Mme PERETTE.

M. Prud'homme se tromper. Un Docteur, un Professeur celebre, un homme distingué par ses emplois, un S. Personnage ! Si vous l'aviez entendu hier parler sur nôtre petit Troupeau, comme il nous démontra clair & net que nous sommes dans la bonne voye & que tout le reste est dans l'erreur. Comme il nous enfila tout de suite une foule de Propositions pour nous montrer l'impuissance que nous avons de faire le bien ; comme il fit voir en bonne arithmetique que vingt-cinq livres de concupiscence, mises dans une balance, avec autant de grace, l'attrait invincible l'emporte.

M. DE BONNEVUE.

Vous voulez dire apparemment que vingt-cinq dégrez de concupiscence, mis en balance, avec vingt-cinq dégrez de grace....

Mme PERETTE.

Non M. non j'ay bonne memoire Dieu mercy, je m'en tiens à ce que j'ai dit, comme il nous distribua ensuite, à table, de la morale severe contre les Spectacles & les Mascarades de ce tems-cy, comme il justifia la Ste Comedie des Bienheureux Sauteurs & les miraculeuses Convulsions qui se font au S. Tombeau. Ouy M. vous vous sentiriez tout autre si vous aviez eu le bonheur de l'entendre, quel homme ! si c'est un homme & non pas un Ange, car avec tout cela, vous ne le croiriez pas, il ne boit ni ne mange.

M. DE BONNEVUE.

Ma chere Madame Perette, vous êtes bonne de le penser, croyez moi M. Prud'homme se porte trop bien pour ne pas nourrir son zele de quelque chose de solide, il se divertit peut-être mieux qu'un autre, mais c'est qu'il sçait couvrir ses bateries, & cacher son jeu.

Mme PERETTE.

En verité M. vos idées ne feront pas fortune chez moi, tandis que vous parlerez ainsi de M. Prud'homme, si vous aviez vû ce S. Personnage vous seriez détrompé. Il porte le Ciel dans les yeux comme il le porte dans le cœur : Le S. homme depuis les pieds jusqu'à la tête! Et le sçavant Docteur! Que ne l'avez-vous pratiqué ?

M. DE BONNEVUE.

Eh bien, Madame, procurez-moi cette satisfaction de le voir & de l'entendre une seule fois.

Mme PERETTE.

Venez, Monsieur, venez à une de nos Assemblées & vous verrez ce que c'est que M. Prud'homme.

M. DE BONNEVUE.

Puisque vous me le permettez, j'y viendrai & dés aujourd'hui.

Mme PERETTE.

Vous nous ferez plaisir, je vais achever de lire mon faiseur de Comedies, j'en ai dejà lû quelques Sçenes qui sont pitoyables.

M. DE BONNEVUE.

Et moi, Madame, je ne vous dis point adieu, je ne manquerai pas de me rendre ce soir à vôtre Assemblée.

Fin du premier Acte.

ACTE II.
SCENE I.

Mme PERETTE, M. PRUD'HOMME.

Mme PERETTE.

NOus vous avons, Monsieur, attendu bien long-
tems.   **M. PRUD'HOMME.**

Je n'ai pû venir plûtôt, j'ai parcouru ce matin
toute la Paroisse de S. Medard, pour y distribuer
cet excellent Ecrit, que je vous ai envoié hier, &
qui fait un bien infini parmi le Peuple.

Mme PERETTE.

L'*Avis aux Fideles* ? je l'ai lû tout entier, j'en
suis charmée, il m'a confirmé dans l'idée où j'étois
qu'on ne devoit plus se confesser depuis que les vrais
Pasteurs sont interdits & qu'il n'y a plus dans Paris
que des Molinistes.

M. PRUD'HOMME.

Cela est bien vrai & les raisons de l'Auteur sont
très-bonnes, se confesser à des Molinistes qui disent
qu'on peut resister à la grace.

Mme PERETTE.

Cela n'est pas possible.

M. PRUD'HOMME.

Qui croyent que Dieu ne nous a pas ôté le pouvoir malheureux de lui desobéir.

Mme PERETTE.

C'est un erreur, depuis le peché d'Adam vous me

l'avez bien dit que tout ce que nous faisons de bien
ou de mal, nous le faisons par necessité, que nous
n'avons de lumieres que pour nous égarer, & de
forces que pour nous perdre

M. PRUD'HOMME.

Vous voyez bien qu'il vaut mieux se tenir en repos que d'aller à des personnes qui ne sont pas dans
ce sentiment.

Mme PERETTE.

Oüi, je conclus en effet, qu'il vaut mieux se tenir en repos.

M. PRUD'HOMME.

C'est le plus sûr parti.

Mme PERETTE.

Vous avez raison, il faut attendre un tems plus
favorable, On dit cependant qu'on a fait brûler cet
Ecrit.

M. PRUD'HOMME.

Oüi cela est indigne, tous les vrais Fideles en ge-
missent, je desespere que nous puissions gagner tout
le monde dans les Tribunaux, mais nous les Tanse-
rons de la bonne maniere dans nos Gazettes.

Mme PERETTE.

Nous avons dequoi nous consoler, Messieurs les
Cinquante tiennent bon, graces à Dieu, contre le
Pape & le Roy, les Evêques & la Sorbonne, ils re-
sistent à toutes ces Puissances unies ensemble, il faut
esperer qu'on ouvrira les yeux à la verité.

M. PRUD'HOMME.

Un peu de tems & de patience, & nous serons au
dessus de nos affaires, nous avons d'exéllens Prêtres
qui crient beaucoup, de Saintes Communautés qui

levent les mains au Ciel, tandis que nous combâ-
tons, s'il plaît à Dieu, nous pourrons un jour nous
montrer sans rien craindre, Dieu le veüille & le Ciel
puisse-t'il bâter ces heureux jours pour la manifesta-
tion de la vérité.

Mme PERETTE.

Pourquoi n'a-t'on pas aussi brûlé cette mechante Comedie qui a paru.

M. PRUD'HOMME.

Je ne sçai, c'est un Ecrit qui fait grand mal, mais
puisqu'on ne l'a pas proscrit, il faut que nous pre-
nions au plûtôt nos mesures contre ce livre. Je ferai avertir nos Messieurs. J'ai dit aussi à mon frere
de venir ici ce soir, il faut conclure, s'il vous plait
son mariage au plûtôt avec Mademoiselle Julie, &
proceder au Contrat.

Mme PERETTE.

Il ne tiendra qu'à vous.

M. PRUD'HOMME.

Vos interêts me sont plus chers que les miens,
mon frere a du bien, & ce que j'estime davantage,
il a du zele, il travaille publiquement pour la bonne Cause, ce sera un bon Magistrat qui dira bien
haut la verité toute pure.

Mme PERETTE.

C'est qui me le fait souhaiter, mais elle est entêtée & nous aurons de la peine à la gagner.

M. PRUD'HOMME.

Point du tout j'en fais mon affaire, j'ai Rozette
à moy, elle a élevé Julie, son dévoüement pour elle
m'est connu, ainsi le succez de cette affaire est sûr.

Mme PERETTE.

J'en suis charmé. Mais son Oncle.

M. PRUD'HOMME.

Son Oncle, l'Abbé Courant, c'est un bon homme qui garde la neutralité; j'ai un moyen en main pour le fixer.

Mme PERETTE.

A la bonne heure, il y a encore un Officier qui vient ici, qui lui parle quelquefois

M. PRUDHOMME.

M. de Bonnevûe, laissez-moi faire je trouverai le moyen de l'éloigner sans bruit, faites venir nos Demoiselles, afin que je les prépare peu à peu à vos saintes volontés.

SCENE II.

Mme PERETTE, M. PRUD'HOMME, ROZETTE.

Mme PERETTE.

Rozette!

ROZETTE.

Plaît-il, Madame?

Mme PERETTE.

Dis à mes filles que M. Prud'homme est ici & amene avec toi Babet, Monsieur veux bien lui faire répeter ses Vers.

SCENE III.

Melle PINSEBREF, Mme PERETTE,

M. PRUD'HOMME, ROZETTE.

Melle PINSEBREF.

J'Ai tout quitté, M. dés que je vous ai sçûë ici.

M. PRUD'HOMME.

Vous êtes toûjours la plus obligeante personne du monde, que faisiez vous donc à present ?

Melle PINSEBREF.

Je lisois & je composois en même tems.

M. PRUD'HOMME.

Voyez son zele, cela est charmant ! Eh ! que composiez-vous ? peut-on le sçavoir.

Melle PINSEBREF.

Je composois un petit PENSEZ-Y BIEN pour servir de Méditations à nos Sœurs, pendant le Carême.

M. PRUD'HOMME.

L'Ouvrage est-il avancé ?

Melle PINSEBREF.

Il est presque fini, & il m'a coûté peu de tems, je l'ai tiré mot pour mot des écrits tous divins, d'un de nos plus Saints Personnages.

M. PRUD'HOMME.

Voyez sa soumission, elle craindroit de s'égarer, si elle ne prenoit des guides sûrs & éclairés, vous nous ferez le plaisir de lire quelqu'unes de ces Reflexions.

C

Melle P I N S E B R E F.

Volontiers, je les avois apportées pour les soûmettre à vos lumieres.

M. PRUD'HOMME.

Quelle docilité ! elle n'est point entêtée, comme la plûpart des Filles sçavantes. Voyons, ma chere enfant, (*ils s'asseoyent*) lisez - nous sans choisir, ce qui vous tombera sous la main, cela me servira aujourd'hui de Méditation.

Melle P I N S E B R E F *lit.*

*Pensez-y bien, ou Reflexions morales tirées des Ecrits de M. de M*** pour servir de Méditation pendant le Carème.*

I. Avez - vous jamais bien pensé ? que l'homme & que *la femme* n'ont pas le veritable pouvoir de resister à la concupiscence, & qu'il n'est pas de la sagesse & de la puissance souveraine de donner autant de force pour resister à la Tentation, que la tentation a de force pour vaincre la volonté.

M. PRUD'HOMME.

La pensé est fort édifiante, & très - consolante dans la pratique.

Melle P I N S E B R E F.

Elle est toute entiere du S. & sçavant Pontife, il n'y a que la *Femme*, de moi. *Elle continuë de lire.*

II. Avez vous jamais bien pensé ? combien Rome est éloignée de ce qu'elle étoit autrefois, que ses Jugemens sont étranges, Rome Chrétienne approuve aujourd'hui, ce que Rome Payenne n'auroit pû soûfrir sous les Nerons.

M. PRUD'HOMME.

Cette Reflexion a quelque chose d'admirable, l'Eglise gémira longtems de s'être laissé gouverner par des Pontifes ennemis jurés des delectations invincibles.

Melle PINSEBREF. *lit.*

III. Avez-vous jamais bien pensé ? que rien n'est plus indigne de la verité, que de recevoir avec soumission, des Decrets émanez de ce qu'on appelle faussement le premier Siege, & que la seule voye qui puisse nous mettre à couvert de tout reproche, c'est d'avoir recours à un Tribunal qui aneantisse toutes ces prétentions Ultramontaines.

Voilà une Morale bien douce & bien insinuante, elle est toute du pacifique Auteur que j'ai cité. Voici une Reflexion qui m'a rempli l'ame de satisfaction.

IV. Avez-vous jamais bien pensé ? qu'on nous fait aujourd'hui des crimes de ce qui n'en fut jamais, peut-on défendre de lire des Ecrits contre les Puissances, quels éloges ne meritent pas ces Ecrits ! Combien à qui ces excellentes Piéces ont ouvert les yeux, on vous dit que c'est un crime de les lire, vous n'en croyez rien & vous avez raison.

M. PRUD'HOMME.

Voilà un trait rempli d'onction, on y reconnoît le pinçeau de la charité même, si nous en jugeons par l'échantillon, ce petit livre va faire un bien infini.

Melle PINSEBREF.

C'est dans cette vûë que je l'ai entrepris, nous en lirons tous les jours si vous le souhaitez, j'en ai déjà tiré du même Auteur CENT-UNE Propositions & j'en suis demeurée à celle-cy. *Elle continuë de lire.*

V. Avez-vous fait reflexion, que l'heure est venuë si clairement prédite, où ceux qui voudront vivre avec plus de pieté, souffriront persécution. Que voions-nous aujourd'hui ! Un Apôtre haï, condamné, calomnié, devenu victime de la verité. Des Saints fugitifs, obligés de chercher un azile dans une terre étrangere. Un S. Confesseur, sur le Tombeau duquel on nous défend de prier

& d'avoir de miraculeuses Convulsions, Un Saint, dont
les Os prophetisent après la mort. Que de genereux Bor-
gnes ! Que de Bien-heureux Sauteurs ! Que de valeureux
Estropiés ! Que de Saints Convulsifs, suscités visible-
ment pour montrer au petit Troupeau, le chemin de
la verité. Gemissons d'un Ordre surpris à Sa Majesté par
les Ministres contre ces grands Hommes suscités visible-
ment de Dieu pour donner à l'Eglise PERES une nouvelle vigueur dans les jours de sa vieillesse.

M. PRUD'HOMME.

Tout cela ne va-t'il pas au cœur, & ne flâte-t'il
pas extremement les oreilles pieuses ? Cette remar-
que surtout, UN ORDRE SURPRIS AU ROY par les
Ministres, me paroit bien consolante pour les Sts
persecutés. En verité vous êtes bien loüable de vous
occuper ainsi & de nourrir vôtre esprit d'excellentes
choses.

Melle PINSEBREF.

Pardonnez - moi, je ne merite pas la moindre
loüange, Il faut loüer Dieu seul qui entraine ainsi
malgré moy ma volonté vers le bien.

M. PRUD'HOMME.

Je souhaiterois que vôtre Sœur parlast comme
vous.

Mme PERETTE.

Sa Sœur ! elle n'est pas traitable, imaginez-
vous qu'elle me disoit hier qu'elle aimoit mieux lire
la Vie dévote que la Vie de Saint Paris si merveil-
leusement écrite par M. *Dagué* : Elle nous fait des
raisonnemens à faire pitié. Voici Babet : ma fille faites la reverence à M. Prud'homme.

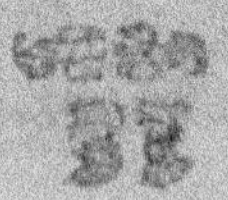

SCENE IV.

Mme PERETTE, M. PRUD'HOMME, Melle PINSEBREF, BABET, ROZETTE.

M. PRUD'HOMME.

EH bien, Mademoiselle Babet, sommes-nous bien sçavante ?

BABET faisant la reverence.

Oüi Monsieur.

Mme PERETTE.

Répondrez-vous bien aujourd'hui ?

Melle PINSEBREF.

Oüi ma chere Mere elle répondra bien. Sçais-tu bien le Catechisme Historique ? *(à Babet)*

BABET.

Oüi ma chere Sœur.

Melle PINSEBREF.

Et les Vers ?

BABET.

Et les Vers aussi ma chere Sœur.

ROZETTE.

Babet, regardez Monsieur & songez à repondre comme il faut à tout ce que je vous ai appris.

M. PRUD'HOMME.

Eh bien voyons, gage qu'elle ne sçait pas ce que c'est que le Saint & le sçavant Evêque.

BABET.

Pardonnez-moi Monsieur : CORNELIUS JANSE-
NIUS Evêque d'Ypres , est le S. & le sçavant Evêque , qui a enseigné S. Augustin tout pur.

M. PRUD'HOMME.

Tout pur , oüi , tout pur , c'est bien dit , & le
venerable & Saint Abbé.

BABET.

M. Arnaud ?

Mme PERETTE.

Faites la reverence ma chere fille.

BABET *faisant la reverence.*

M. Arnaud , est le venerable & S. Abbé , qui a
fini sa course & ses travaux pour l'Eglise en Flandres ,
c'est là où repose son Corps qui est LA GRANDE
RELIQUE.

M. PRUD'HOMME.

Et son cœur qui est LA PETITE RELIQUE , où est-il ?

BABET.

Et son cœur qui est la petite Relique , où est-il ...
il est caché quelque part , *propter metum Judæorum.*

M. PRUD'HOMME.

Du Latin ! cela est admirable dans un enfant de
7. ans. *Propter metum Judæorum* cela est charmant.
Et le Saint Abbé tout court ?

ROZETTE.

Celui-là est un peu difficile à r tenir.

M. PRUD'HOMME.

Oüi , voilà justement où nous bronchâmes hier.

BABET.

Oh ! Monsieur , je ne broncherai pas anjourd'ui
je le sçai aussi-bien que ma croix de par Dieu.

M. PRUD'HOMME.

Voyons.

BABET.

Le Saint Abbé tout court, c'est Jean des Verges

Mme PERETTE.

Que dis-tu là ? petite folle !

BABET.

Des V..... Dame, ma chere mere, ce nom là est difficile comme tout.

M. PRUD'HOMME.

Bon, bon, du Verger, des Verges, qu'importe pour un enfant, cela viendra. Allons courage.

Melle PINSEBREF.

Il s'appelle ?

BABET.

Il s'appelle le S. Abbé tout court, le bon ami de la mere Angelique.

M. PRUD'HOMME.

Le S. Abbé tout court, c'est bien dit, le bon ami de la mere Angelique.

BABET.

C'est la même chose, c'est tout comme vous qui êtes le Directeur cheri & le bon ami de Rozette.

M. PRUD'HOMME.

Voyez-vous, comme il ne faut rien faire devant les enfans. [*à Babet*] Et nôtre ami Molina ?

BABET.

Fi donc, Monsieur.

Melle PINSEBREF.

Bon, fais vite un signe de Croix.

BABET.

C'est un heretique, Monsieur, c'est un animal ;

un terrible animal, c'est un vilain nez.

Mme PERETTE.

Viens vite, que je te baise, mon enfant, viens,
que je te baise, tu dis à merveille.

M. PRUD'HOMME.

Et le Saint Prêtre, que nous avons oublié.

BABET.

Le Prieur de l'Ordre, le S. Prêtre Quênel, perfe-
cuté pour la Foy, a fini fa courfe en Hollande, Et
l'a terminé dans le Ciel, c'étoit le Grand St, avant
S. Paris, qui a éclipfé tous les Saints.

M. PRUD'HOMME.

En verité, cet enfant eft un prodige !

Melle PINSEBREF.

Et ta Chanfon contre l'Evêque de Rome ?

BABET.   *Chantant.*

Souffrez que l'on étonne pour nulles,
Tous les Decrets, toutes les Bulles,
Où vous condamnez Auguftin :
Vous n'entendez pas fon latin.

Voulez-vous donc que l'on revere,
Toutes les Bulles du Saint Pere,
Ne condamnez plus déformais :
Que ce qu'on fçait être mauvais.

Melle PINSEBREF.

Et ta Chanfon contre le Clergé de France ?

BABET.

Le Janfenifme eft un Fantôme ?

BABET, Chantant.

Un Fantôme est réalité,
Le Clergé le declare en forme,
Mais il faut bien en verité :
Que le Clergé reve ou qu'il dorme.

Melle PINSEBREF.

Et le Triomphe des Avocats ?

BABET, chante *le Triomphe des Avocats*, sur l'*Air* de Jean de *Whair*, &c.

Rassemblons nous, *faisons fracas,*
  On attaque tout l'Ordre :
L'Ordre fameux des Avocats,
Ne sçait-il donc plus mordre,
Les Protecteurs des Fleurs de Lys,
Ne sont-ils plus les petits Fils,
De Jean de Whair, &c.

  Un Archevêque de Paris,
Veut nous montrer la foudre,
Des plus superbes Ennemis,
Nous reduirions en poudre,
Contre les Prelats & les Roys,
Imitons les fameux Exploits,
De Jean &c.

Il faut Messieurs, en pareil cas,
Faire tête à l'Orage,
Ce bon Prelat ne connoit pas,
Encor notre Courage,
Qu'il sçache donc qu'un Avocat,
Vaut tout autant dans son état,
Que Jean &c.

Je Trouve plein de nullités,
L'Arrêt qu'on vient de lire,
Il renverse nos libertés,
Et les Loix de l'Empire :
Sifflés-le tous dans vos Leçons,
Et mettés-le au rang des Chansons,
De Jean &c.

Il n'est point d'Arrêt qu'un apel,
Ne doive mettre en poudre,
On peut au pied de cet Autel,
Laisser gronder la foudre ;
Avocats François & Flamands,
S'en sont fort bien trouvés du tems,
De Jean &c.

Mais ce n'est point chés nos Anciens,
Que je prends des modelles,
Quoi-qu'on en dise je les tiens,
Pour de pauvres cervelles :
Au moindre Signe de la Cour,
Plus tremblans qu'au son du tambour,
De Jean &c.

Au defaut de l'antiquité,
Nôtre avis en decide :
C'est le droit de l'Ordre outragé
D'être seul son guide,
Demande qui voudra pourquoi,
J'ai pour garant la bonne foy
De Jean &c.

Nargue des Ordres émanés,
De toute autre Puissance,
Dans nôtre silence obstinés
Dormons en assurance ;
Je m'en remets pour le succez
Aux Gens qui vuidoient les Procés
De Jean de whait, &c.

SCENE V.

Mme PERETTE, M. COURANT,
M. PRUD'HOMME, BABET
Melle PINSEBREF, ROZETTE.

M. COURANT.

AH ah ! on chante ici.

Mme PERETTE.

Vous voyez on s'amuse.

M. COURANT.

Je le vois bien, mais je veux être de la Partie,

44   *Suite de la Femme Docteur,*
je fournirai ma Chanson, en voici une qu'on vient
de me donner, écoutez, mes Niéces & chantons ensemble, car je la voix un peu enrhumée, hem hem.

Melle PINSEBREF.

Sur quel Air, mon Oncle ?

M. COURANT.

Venant de Versailles, M. de Noyon, &c.
Hem hem ! je n'ai pas pris ce matin un Boüillon,
comme M. Prud'homme, de la main de Rozette.

IL CHANTE.

Parler de la grace,	*De plus d'une Aumône*
Gémir sur mes maux ;	*On fait son profit,*
Le tout par grimace	*Le Parti nous prône*
Pour dupper les sots,	*Nous met en credit,*
Des devots Quesnel's,	*Sur vous chez les Dames*
C'est là toute la vertu	*Le Quesnel est bien venu,*
Lanturlu.	*Lanturlu.*
L'air Evangelique,	*Si faute de grace*
D'un Abbé fleuri,	*La severité,*
Sert à nôtre clique,	*Cede enfin la place*
Quand on est joli,	*A la volupté,*
Avec un beau masque	*C'est Adam qui pêche*
On escroque maint Ecu,	*Dans Quesnel il est vaincu,*
Lanturlu.	*Lanturlu.*
La fille voilée	*Que Quesnel tombe,*
Nous fournit le Thé.	*Qu'il reste debout,*
La Dame dorée	*Qu'il vainque ou succombe,*
Fournit le Caffé,	*Qu'importe après tout,*
Nous mettons le sucre	*Il n'a rien à craindre,*
Sans craindre le superflu,	*Pourvû qu'il soit un Elû,*
Lanturlu.	*Lanturlu.*

Tout cela est très-bon n'est-il pas vrai ? Mais il
y a bien à déchanter pour nous.

Melle PINSEBREF.

Quoi donc ?

M. COURANT.

L'Avis aux Fidels, je vous avois bien dit qu'il
sentoit la brûlure.

Melle PINSEBREF.

On a été bien vite.

M. COURANT.

Et la Femme Docteur ?

Melle PINSEBREF.

Elle en meritoit bien autant.

M. COURANT.

Je vous dirai que la Femme Docteur m'a rejetté
& que l'Avis aux Fideles, m'a paru insensé. Je n'in-
commode pas beaucoup mes Confesseurs, ce n'est
pas que je n'en n'aye besoin ; mais je ne suis pas du
sentiment du Donneur d'avis qui dit qu'on ne doit
plus se confesser à Paris, car enfin nous ne sommes
pas à Geneve.

Melle PINSEBREF.

Vous avez raison, nous ne sommes pas à Geneve, mais mon Oncle comment faire aujourd'hui ?

M. COURANT.

Comme on a toûjours fait, ma Niece aller à con-
fesse quand on en a besoin.

Melle PINSEBREF.

Aller à des gens, qui disent qu'on peut résister à
la grace.

M. COURANT.

Eh bien ! est-ce qu'on n'y résiste pas quelque fois ?

Melle PINSEBREF.

On résiste à la grace ! comme mon Oncle vous
decide cela.

M. COURANT.

Eh oüi, ma Niece : il me semble autant au moins que je puis me ressouvenir de ma licence que je dis bien.

Melle PINSEBREF.

Je crois qu'il ne vous en souvient guere.

M. COURANT.

Il m'en souvient assez pour sçavoir que c'est nous qui manquons à la grace & que ce n'est pas la grace qui nous manque.

Melle PINSEBREF.

Cela seroit bon *si nous avions la liberté.*

M. COURANT.

La liberté nous manque ma Niece, oh oh; voi-là du nouveau. Je n'aime point Mesdemoiselles les Théologiennes que vous soyez dans ce sentiment, les consequences en sont facheuses & je suis faché que M. Prud'homme vous repete si souvent cette leçon.

Melle PINSEBREF.

Voi'là bien de l'heterodoxie ?

M. PRUD'HOMME.

Voilà de la vieille Doctrine ?

M. COURANT.

Elle en est meilleure M. Prud'homme.

Melle PINSEBREF.

Croyez-moy mon Oncle, M. Prud'homme est plus au fait que vous de ces matieres là.

M. PRUD'HOMME.

Je ne suis point du tout de vôtre sentiment.

M. COURANT.

Et ma Sœur ?

Mme PERETTE.

Ni moy non plus mon cher Frere.

M. COURANT.

Et ma Niece ?

Melle PINSEBREF.

Ni moi non plus mon cher Oncle.

M. COURANT.

Et Babet & Rozette ? Je suis donc tout seul pour la liberté, vive donc la liberté. Si Julie étoit là , du moins elle soutiendroit un peu mon parti.

SCENE VI.

Melle JULIE, Mme. PERETTE, M. COURANT, ROZETTE, M. PRUD'HOMME, BABET.

Melle PINSEBREF.

Melle JULIE.

JE descendois mon Oncle dans le moment pour vous saluer.

Melle PINSEBREF.

Le voilà fort maintenant ?

M. COURANT.

Pas trop , car je suis furieusement broüillé avec Saint Thomas & Saint Augustin : n'importe , je me tire d'affaire.

Melle PINSEBREF.

Il y paroit.

M. COURANT.

Comment donc ? il y paroît, je crois que vous
vous mocquez toutes ici un peu de moi, Mesdames
les Theologiennes. Mais avec ma Femme Docteur
& mon Cartouche justifié par la grace de Quesnel,
je suis fort comme un Turc. [*à Julie*] à la Niece
as-tu lûs ces deux livres ?

Melle JULIE.

Oüi mon Oncle.

M. COURANT.

Tu en es contente ?

Melle JULIE.

Très-fort.

M. COURANT.

Eh bien, avec ma femme, j'entends ma Femme
Docteur, je gage que je vais faire tomber en de-
faillances, toutes les Lucreces du Party, & avec
mon Avis aux Fideles, gage que je vais faire peter
tous les Molinistes ; n'est-il pas vrai ?

Melle JULIE.

Mon Oncle, vous soufflez donc le froid & le
chaud ?

M. COURANT,

La neutralité, mes Nieces, la neutralité ;

Melle PINSEBREF.

Reviendrez vous tantôt à l'Assemblée ?

M. COURANT.

Y lira-t'on la FEMME DOCTEUR ?

Melle PINSEBREF.

Oüi sans doute, on l'a lira.

M. COURANT.

Vous me le promettez ? hé bien ? je suis à vous

je vais sur cette piéce préparer mes remontrances,
& de bonnes remontrances, qui rogneront bien les
ongles à nos faiseurs de Comedies. A tantôt je n'ai
pas maintenant le loisir de t'entretenir.

SCENE VII.

Mᵐᵉ PERETTE, Mᵉˡˡᵉ JULIE, M. COURANT, ROZETTE, M. PRUD'HOMME, BABET.

Mme PERETTE.

MOn Frere est un peu fou par la tête.
M. PRUD'HOME.

Bon homme, il n'y entend point malice. Ca ma
chere Demoiselle, pendant que nous vous tenons ici,
il faut un peu que vous nous parliez à cœur ouvert,
il y va de vos interêts les plus chers.
Melle JULIE.

Sur quoi donc, s'il vous plaît, voulez-vous que
je parle, voulez-vous faire de moi une Sœur de l'Ordre ; laissez-moi tranquille comme je vous laisse.
Mme PERETTE.

Voyez déja comme elle prend la mouche ?
M. PRUD'HOMME.

Non il s'agit d'autre chose, vous êtes en âge d'ê-
tre pourvûë, on veut vous parler d'un établissement,
puisque votre Sœur a pris son parti & qu'elle vous
laisse un choix libre, on veut vous fixer & faire de
vous une personne heureuse à jamais.

D

Mme PERETTE.

Ca ma fille parlons ferieusement, M. Prud'homme vous fait honneur de vous demander en mariage pour M. son Frere.

Melle JULIE.

M. Grosbec ?

M. PRUD'HOMME,

Oüi ma chere Demoiselle.

Melle JULIE.

Je suis bien obligée à M. Grosbec de songer à moy
& à vous M. de m'en faire la propofition, mais je
vous prie de n'y point penser.

Mme PERETTE.

Quoi ma fille ! eft-ce ainfi que vous allez toûjours
contre mes volontés.

Melle JULIE.

Je refpecte vos volontés , ma Mere & je les ref-
pecteray toûjours ; Mais laiffez moy là deffus libre
de mon choix.

Mme PERETTE.

Et que pouvez-vous choifir de mieux ?

Melle JULIE.

Il eft vray , mais j'ay mes raifons pour cela.

Mme PERETTE.

Vos raifons, qu'elles font-elles ?

Melle JULIE.

Je les diray avec le tems.

Mme PERETTE.

Et moy je vous dis ma fille que vous n'avez
rien à attendre de moy fi vous me defobeiffés en
ce point.   Melle JULIE.

J'en ferois fâchée , mais quand vous fçaurez mes
raifons, vous penferez comme moy.

M. PRUD'HOMME.

Apparemment Mademoiselle que je suis ici de
trop, pour que vons découvriez à vôtre chere Mere
le fond de vôtre cœur : je me retire, & l'interêt
du Ciel qui m'a fait parler, m'apprend quand il
le faut, à me taire.

Mme PERETTE.

Non Monsieur : demeurez, elle nous dira ses raisons, elle ne sera pas toûjours si entêtée.

Melle JULIE.

Je le souhaite pour ne vous point désobliger.

Mme PERETTE.

Ah ! voilà un ton plus radouci, croyez-moi ame-
nez ce soir avec vous M. Grosb c & nous parleroné
d'affaire, allez, ma fille, envoyez tout à l'heure chez
M. Feüillecole pour nôtre Assemblée.

SCENE VIII.

Mme PERETTE, M. PRUD'HOMME.

Mme PERETTE.

VOus le voyez, je ne comprens pas son entête-
ment.

M. PRUD'HOMME.

Voilà, Madame, la faute que vous avez fait, vous
l'avez tenuë de court, elle ne sort point de chez
vous, cela est bon ; mais la grande faute, c'est de
ne l'avoir pas fait instruire de bonne heure, dans la
science de la verité & de la saine Morale. Elle a pris

un mauvais pli, & il est bien difficile de faire changer ces sortes d'esprits, je tâche de reparer le mal dans l'éducation que je donne à sa petite sœur. Je suis charmé de ce que Dieu se sert de moi pour lui apprendre à bien penser, & à bien parler. Son aînée a été si facile à gagner.

Mme PERETTE.

Son aînée aime la lecture, elle a l'esprit propre pour les sciences, elle sera un des meilleurs sujets de la petite Eglise. Il faut voir son zele pour les quêtes, pour l'envoi des Livres, pour aller aux Grilles, tâcher d'inspirer de l'estime pour nos Saints Directeurs, je dois aller ce soir avec elle, je ne m'ennuie point de l'entendre parler. C'est un prodige, elle a distribué cette semaine plus de trois cent Cantiques du Curé de Sainte MARGUERITE, & des Estampes de Sainte BARBE, & elle a envoyé à nos Filles du B.***, un Ballot d'AVIS AUX FIDELES, cinq cent Estampes du B. S. PARIS, autant d'Exemplaires de sa Vie, & le Recüeïl de ses Miracles, elle envoie ce soir Castoret à Lion, pour faire imprimer un excellente Apologie pour les Miracles, & un Ouvrage contre les Evêques. Enfin je ne sçai ce qu'elle ne fait pas.

M. PRUD'HOMME.

Dieu la benira, la chere enfant, puissions nous avoir bien des sujets comme elle, cependant quelque bien qu'elle fasse au dehors, elle veut se renfermer dans une de nos Saintes Communautés & je la porte à cela de tout mon cœur. La sainte Enfant !

Mme PERETTE.

Vous faites très bien, & j'en serai charmé. Voilà Rozette, vous me laisserez, s'il vous plaît, un
moment avec elle.

❧❧❧❧❧❧❧❧❧❧❧❧❧❧❧

SCENE IX.

Mᵐᵉ PERETTE, M. PRUD'HOMME, ROZETTE.

Mme PERETTE.

SÇais-tu bien où demeure Madame Feüillecode ?

ROZETTE.

Madame Feüillecode.... attendez.... la femme de
l'Avocat.

Mme PERETTE.

Ne voilà-t'il pas la petite bête, il faut lui dire
cent & cent fois la même chose, ne t'ai-je pas dit
petite impertinente, qu'on n'appelle plus la femme
d'un Avocat, une femme d'Avocat, mais UN
DAME DE L'ORDRE.

ROZETTE.

Oh dame ! je dis comme on a toûjours dit, je
n'ai pas lû le nouveau Dictionnaire. Eh bien ! une
Dame de l'Ordre soit, Madame Feüillecode demeure..... vraiment elle demeure bien loin d'ici, justement derriere la Paroisse de St Roch. Vous ne m'y
tenez pas.

Mme. PERETTE.

Comment donc ?

ROZETTE.

Comment ! vous viendriez après à crier contre
moi, comme vous avez fait ce matin.

M. PRUD'HOMME.

Vous avez eu tort, Madame, il faut sçavoir con-
ferver l'efprit de douceur, l'efprit pacifique, Rozette
eft fi bonne enfant, fi douce, fi complaifante.

ROZETTE.

Bon, il faut avoir ici belle patience.

Mme. PERETTE.

Eh bien, je te promets de ne te plus gronder.

ROZETTE.

Fort bien, mais envoyez, s'il vous plaît, quelqu'un faire la commiffion.

Mme PERETTE.

Tu as raifon, je vais envoyer Torticolis, auffi-
bien eft-elle plus intelligente que toi.

SCENE X.

M. PRUD'HOMME, ROZETTE

M. PRUD'HOMME.

ÇA Rozette, il s'agit ici d'une affaire preffée.

ROZETTE.

Vous n'avez qu'à parler, faut-il aller encore à
l'Opera?

M. PRUD'HOMME.

Parlons bas. Ecoute, il ne s'agit pas ici d'Opera
ni de Comedie, il s'agit d'une affaire de confequence, & il ne tient qu'à toi de la faire reuffir.

ROZETTE.

L'affaire est donc faite, il n'y a rien qu'on ne fasse
pour vous plaire, vous en faites tant pour noi.

M. PRUD'HOMME.

Tu sçais que je souhaite ardemment le Mariage
de mon frere avec Julie.

ROZETTE.

Elle ne le souhaite gueres de son côté.

M. PRUD'HOMME.

Je le sçai, sa mere & moi, nous sommes convenus qu'il falloit que tu t'en mêlât pour que l'affaire
allât bien.

ROZETTE.

Elle est delicate.

M. PRUD'HOMME.

Tu peux la faire reussir.

ROZETTE.

J'y vois des obstacles,

M. PRUD'HOMME.

Est-ce qu'elle n'aime pas mon frete.

ROZETTE.

Pas trop.

M. PRUD'HOMME.

Tu me fais plaisir de me parler franchement, mais
pourquoi ne l'aime t'elle pas, est-ce que Monsieur
de Bonnevûë, dont on m'a parlé, lui tient au cœur?

ROZETTE.

M. de Bonnevûë, vous vous moquez, c'est un
Cavalier qui songe bien à elle ma foi. Un fils unique, un riche heritier, Mademoiselle Julie n'est pas
faite pour les Marquis.

M. PRUD'HOMME.
Cependant il est ici assidument.

ROZETTE.
Oüi, il vient ici à la toilette de Mademoiselle dire des nouvelles pour la Constitution, & en apprendre contre, & puis c'est tout.

M. PRUD'HOMME.
Qui peut donc la detourner de mon frere ?

ROZETTE.
Moi-même.

M. PRUD'HOMME.
Tu es admirable toi-même.

ROZETTE.
Oüi, je ne voudrois pas lui faire tort.

M. PRUD'HOMME.
Je t'en loüe, mais il n'y a rien à craindre.

ROZETTE.
J'ai entendu certains bruits.

M. PRUD'HOMME.
Quoi donc ?

ROZETTE.
On dit que Monsieur vôtre frere a en Province.....

M. PRUD'HOMME.
Il a demeuré en Province.....

ROZETTE.
Ce n'est pas cela ; il a je ne sçai qui l'attache.....

M. PRUD'HOMME.
Oüi, nous avons nôtre famille en Province.....

ROZETTE.
Eh oüi, justement, c'est de la Famille dont je veux parler.

M. PRUD'HOMME.
Eh bien, elle est très-bonne.

ROZETTE.

Je le sçai bien, & très-nombreuse aussi,

M. PRUD'HOMME.

Explique-toi donc.

ROZETTE.

Bref, il faut éclaircir tout, voyez-vous bien, quand il s'agit du *Matrimonium*, il faut aller douce-ment, j'ai élevé Mademoiselle Julie, & elle fera tout ce que je voudrai, mais je ne veux pas qu'elle soit trompée.

M. PRUD'HOMME.

Eh bien, fais lui donc vouloir le mariage de mon frere, je te reponds que ta fortune est faite.

ROZETTE.

Je ne sçai pas, mais elle n'est encore gueres avancée.

M. PRUD'HOMME.

Jamais rien ne t'a manqué depuis que je viens ici, tu sçais ce que j'ai fait pour toi.

ROZETTE.

Vous me repondez donc qu'il n'y a pas d'enga-gement, pour parler clair ?

M. PRUD'HOMME.

D'engagement, tu te moques, s'il y en avoit, je le romperois bien vite.

ROZETTE.

Eh bien, soit, je compte sur vôtre parole, elle sera bientôt tout à vous, mais *motus*, laissez-me conduire toute l'intrigue, la suite vous fera voir si je suis une bonne ouvriere.

M. PRUD'HOMME.

Rozette !

ROZETTE.

Quoi ?

M. PRUD'HOMME.

Tu connois mon bon cœur ?

ROZETTE.

Oüi, mais ce n'est pas la maintenant ce qu'il faut, profitons du tems, il ne faut point que les choses languissent.

M. PRUD'HOMME.

Adieu, je reviendrai tantôt, tu me diras ce que tu auras fait.

~~~~~~~~~~~~~~~~~~~~~~~~~~~~~~~~~~~~~~

SCENE XI.

ROZETTE. *Seule.*

Voilà un grand imposteur, j'ai des preuves certaines de ses fourberies & de ses mechancetés insignes, aussi-bien que de celles de son frere, & vous prétendriez Mrs les Jansenistes nous attraper, oh oh ! vous ne vous êtes pas levez assez matin, il faut que je fasse joüer mes machines & que j'instruise de tout Mademoiselle Julie.

Fin du second Acte.

~~~~~~~~~~~~~~~~~~~~~~~~~~~~~~~~~~~~~~

ACTE III.
SCENE I.
Melle JULIE, ROZETTE.

Melle JULIE.

TU crois donc qu'il a une inclination en Province

ROZETTE.

Je sçai surement qu'il y a plus que cela.

Melle JULIE.

Quoi, une promesse de mariage?

ROZETTE.

Je vous dis que vous sçaurez tout.

Melle JULIE.

Qui diantre, t'a si bien instruite?

ROZETTE.

Vous le sçaurez vous dis-je, ne manquez pas de leur faire à tous les deux force complimens & de grandes demonstrations d'amitié.

Melle JULIE.

J'aurai bien de la peine.

ROZETTE.

Oh dame! si vous ne sçavez pas un peu vous contrefaire vous en serez la duppe.

Melle JULIE.

Mais si la chose est comme tu le dis, ils ont donc perdu l'esprit, il faut donc les faire declarer fous en Justice, ou les livrer aux Medecins.

ROZETTE.

Ne vous voilà t-il pas, vous ne sçauriez tenir vôtre langue, dans un moment ils vont venir, si vous
ne leur jettés de la poussiere aux yeux, & que vous
ne paroissiez pas consentir à tout je le declare net,
je ne m'en mêle plus.

Melle JULIE.

Eh bien, je te promets de faire des merveilles.

ROZETTE.

Et moi je vous promets que si la corde ne rompt
vous verrez beau-jeu, les voilà, prenez-là. ... un air
un peu liberal, humaniez vous un peu, je crois que
M. de Bonnevûë est avec eux, le Contretems est fâ-
cheux pour luy, n'importe faites bien votre personnage je l'attendrai en sortant & je lui déclarerai mon
dessein.

SCENE II.

M. DE BONNEVUE, M. GROSBEC.
M. PRUD'HOMME, Melle JULIE.

Melle JULIE.

MEssieurs vous venez de bonne heure, il n'y a
encore personne ?

M. DE BONNEVUE.

Mademoiselle, dès-la que vous y êtes, tout y est
pour nous.

M. PRUD'HOMME.

Mademoiselle je voulois vous presenter mon Frere
M. Grosbec.

M. GROSBEC.

Il y a long-tems Mademoiselle que je soupirois au bonheur de vous voir & de vous parler de notre engagement futur. Vous voyez une personne qui desir passionement d'unir sa destinée à la vôtre.

Mele JULIE.

Monsieur puisque je ne dois avoir d'autre volonté que celle d'une Mere que j'aime, je bornerai mes vœux à luy obéir.

M. PRUD'HOMME.

Je suis charmé Mademoiselle de votre soumission aux volontés de Madame vôtre Mere, elle sera au comble de sa joye quand je luy serai part de l'accueil gracieux que vous faites à mon Frere. Je reconnois en vous un effet trop sensible de la grace victorieuse pour ne pas croire que c'est elle qui vous a inspiré de donner votre consentement au mariage de mon Frere.

M. GROSBEC.

J'étois bien persuadé qu'une Demoiselle de la grace me recevroit avec beaucoup de grace.

M. DE BONNEVUE.

Voilà un compliment bien gracieux : Monsieur a été apparemment longtems en Province.

M. GROSBEC.

Je suis ici depuis les grandes disputes pour suivre un peu le Barreau & me mettre en état d'acheter une Charge qui puisse faire honneur à ma future & où je puisse exercer mon zele & fronder Brefs, Bulles, Papes, Cardinaux, Evêques & toutes les opinions Ultramontaines.

M. PRUD'HOMME.

Mademoiselle, mon Frere est un peu frapé sur l'Article, je vous en ai averti.

Melle JULIE.

Oüi, il ne debute pas mal.

M. GROSBEC.

Si nous avons le bonheur de vivre ensemble comme vous avez déja hypoteque sur mon cœur, je veux que vous deveniez un jour une des plus sçavantes Anticonstitutionaires de tout Paris, *La Papesse du Parti.*

Melle JULIE.

Vous me flâtez là d'un grand honneur.

M. GROSBEC.

Je ne sçai pas periphraser mes Elocutions, mais je vous dirai Laconiquement que je sçai les moyens d'y parvenir.

M. DE BONNEVUE.

La Papesse du Parti ! c'est une place honorable ; Peste !

Melle JULIE.

Mais si je la deviens, je ne veux point au moins qu'on appelle de mes decisions.

M. GROSBEC.

Ah ! vraiment, je voudrois bien que quelqu'un s'en avisât, comme je lui rognerois les ongles. Ce seroit faire des incursions sur vos Privileges, un des Privileges du sexe, c'est de decider comme bon lui semble.

Melle JULIE.

C'est bien dit, des decisions du Pape on en peut appeller, mais des decisions d'une Papesse, pour celles là elles sont infaillibles,

SCENE III.

Mme PERETTE, M. PRUD'HOMME, Melle JULIE, M. DE BONNEVUE, M. GROSBEC.

Mme PERETTE.

AH ah ! ma fille, on vous trouve aujourd'hui d'une humeur qui fait plaisir.

M. GROSBEC.

Mademoiselle est de si bonne accord, que j'espere qu'elle voudra bien consentir à devenir Madame Grosbec.

Melle JULIE.

Je consentirai à tout ce que ma mere voudra.

M. DE BONNEVUE.

Que veux dire tout ceci ?

M. PRUD'HOMME.

La grace a operé un grand changement.

Melle JULIE.

Oüi Monsieur, jen suis surprise moi-même, & je suis fachée d'avoir differé une alliance qui fait tant de plaisir à la famille.

M. DE BONNEVUE.

Je n'y comprends plus rien.

Mme PERETTE.

M. de Bonnevûë est venu à nôtre Conference.

M. DE BONNEVUE.

Oüi Madame, je suis venu à vos Ordres.

Mme PERETTE.

Il nous manque encore M. Feüillecode.

Melle JULIE.

Et mon Oncle Courant ?

Mme PERETTE.

Ma fille, ton Oncle est là haut avec ta sœur, ils lisent une Lettre qui les occupe fort, ils ont préparé leurs Remontrances sur la Piéce.

M. PRUD'HOMME.

Si vous m'en croyez Madame, nous commencerons NÔTRE CONSEIL, M. Feüillecode ne peut tarder longtems, nous remettrons au soir la Conclusion de nôtre affaire.

Mme PERETTE.

Il faudra dresser les Articles.

Melle JULIE.

Tout ce qu'il vous plaira.

M. DE BONNEVUE.

J'enrage de bon cœur.

Melle JULIE.

Messieurs, je veux être de la Conference, le sujet est interessant. (*à part*) Voici mon Oncle, qui va nous en dire de bonnes à son ordinaire.

SCENE IV.

LE CONSEIL.

Mme PERETTE, M. PRUD'HOMME,
Melle PINSEBREF, M. COURANT,
Melle JULIE, M. GROSBEC,
M. DE BONNEVUE.

M. COURANT.

Tout le monde est-il venu ?

Mme PERETTE.

Il ne nous manque que M. Feuillecode.

M. COURANT.

Prenons toûjours féance, en attendant, ma Niéce
va vous lire une Lettre qu'elle vient de reçevoir d'Orleans qui fera d'une grande confolation pour ces Mrs.

M. GROSBEC.

Une Lettre d'Orleans !

M. COURANT.

Oüi, Monfieur, vous interefléz-vous à quelqu'un
dans ce Païs là ?

M. GROSBEC.

Vous me furprenez ! Monfieur.*

M. COURANT.

En effet, vous me paroiflez etonné.

M. GROSBEC.

Eh ! dequoi s'agit il donc, s'il vous plaît ?

M. COURANT.

Il s'agit d'une nouvelle de confequence, & vous
allez apprendre de jolies chofes.

* M. Grosbec étoit déja marié à Orleans.

E

M. GROSBEC.

Vous m'étonnez bien fort.

M. COURANT.

Ce sont des Saintes Filles, qui écrivent à ma Niece une Lettre très-édifiante & très-curieuse.

M. GROSBEC.

Je commence à respirer !

M. PRUD'HOMME.

Mon frere, apprehendoit que ce ne fut quelque facheuse nouvelle de ce Païs là.

Melle JULIE.

Mon Dieu, mon Oncle, vous nous tenez long-tems en suspens pour une bagatelle.

M. COURANT.

Vertu, ma Niece, que vous êtes vive depuis qu'on parle de vous marier.   *Il lit.*

LETTRE

A MADEMOISELLE PINSEBREF,

chez Madame sa Mere, près S. Julien des Menestriers, à Paris.

A Nôtre très-chere Sœur,

*N*Ous avons reçû avec toute la reconnoissance possible, le Ballot de Livres que vous nous avez envoyé, il a couru grand risque, mais graces à la Providence ; une de nos très-cheres Sœurs, le trouva hier matin dans nôtre Jardin, avec une Lettre de vôtre part.

Le tout fut jetté prudemment par dessus les
Murs de nôtre S. Monastere. Avec les petits
secours de nos Freres, & les charités de nos
cheres Sœurs. La grace est toûjours ici victorieuse de tous les cœurs, cette Communauté sera toûjours un des plus celebres monumens de
sa puissance absoluë. Parmi tous les Livres
que vous nous avez envoyé, les Avis aux Fideles, & les beaux Factums entr'autres, nous
ont donné beaucoup de consolation......

Mme PERETTE.

Les pauvres Filles ;

M. COURANT.

Attendez donc jusqu'au bout. *Il continuë.*

    Ces Avis nous confirment dans le dessein
que nous avons pris depuis dix ans de demeu-
rer sans Confession, tant qu'il plaira à Dieu:
Ce n'est pas l'usage des choses Saintes, comme le dit le pieux Auteur de l'Avis, c'est la
vraïe charité, que nous possedons & qui nous
possede, qui fait les Saints......

Mme PERETTE.

Ce sont des Anges sur la Terre.

M. COURANT.

Oh! ma Sœur vous êtes bien impatiente. *Il lit.*

    Nous vous dirons, pour vôtre consolation,
que nos très-cheres Sœurs de l'Abbaye de S.
L*** marcheront bientôt sur nos traces, elles
ne communient plus, graces à Dieu, qu'après

deux ans de préparation, elles lisent sans cesse l'Ecriture dans les Livres composés pour la défense de la verité, elles n'avoient plus parmi elles que certaines filles entêtées, mais la vigilante Abbesse qui tient bon, contre tous ses Superieures, a trouvé le secret de les éloigner...

Melle PINSEBREF.

Cela est admirable !

Melle JULIE.

Tout à fait.

Mme PERETTE.

Voyez le courage !

M. COURANT.

Peste, soit des jaseuses, je n'irai pas jusqu'au bout. *Il lit.*

Il y a une jeune Sœur bien zelée auprès de Madame qui est une fille à Convulsions, & qui en a regulierement deux par jour, en l'honneur de Saint Paris, cette sainte Convulsionnaire avoit menagé un petit endroit au dessus du Confessional, pour servir de sœur écoutante. Elle a été surprise dans ce pieux exercice, mais elle a avoüé genereusement à son Evêque, qu'elle le faisoit depuis deux ans, par Ordre de Madame. Tout cela a procuré la sortie des filles rebelles à leur Abbesse, elles sont dispersées dans les differens Monasteros du Diocese, & nous avons la gloire d'avoir les premieres appris à nos voisines le chemin de la verité. Nous avons crû devoir vous faire part de ces bonnes nouvelles, en reconnoissance de vos charités. Nous sommes avec bien de la reconnoissance.

Nôtre très-chere Sœur,

Vos très-humbles & obeïssantes,
LES FILLES DU B***.

Dieu soit beni, eh bien, moi, je veux leur envoïer un Ballot de la Comedie de la Femme Docteur, qu'en pensez-vous ?

Melle PINSEBREF.
En verité, mon Oncle, vous n'y pensez pas.

M. COURANT.
J'y pense fort, cela les divertira.

Melle PINSEBREF.
C'est une Comedie à sifler.

SCENE V.
M. FEUILLECODE,
LES MESMES.

M. COURANT.
ESt-il vrai, M. Feüillecode, que la Femme Docteur est une Comedie à sifler ?

M. FEUILLECODE.
Detestable morbleu, du dernier detestable!

Mme PERETTE.

Comme il a decrié ma pauvre Sœur Mademoiselle Betard, cela n'est pas tolerable.

Melle PINSEBREF.

Et ma Cousine de Fondsec, elle en est malade ?

Mme PERETTE.

Et nôtre Voisin Monsieur Tonneau, ce zelé Pre-
dicateur de la Morale severe ?

M. COURANT.

Vôtre M. Tonneau le meritoit bien, il a fait voir
en se barboüillant dans tous ses Sermons qu'il n'a-
voit pas le Vin Apostolique.

Melle PINSEBREF.

Et la pauvre Mere de Sainte Babille comme il l'a
foudroyée.

M. COURANT.

Elle le merite bien aussi, de quoy s'avise cette
Guimpe de vouloir envoyer des Sœurs grises à Rome
pour apprendre le Catechisme au Pape & aux Cardinaux.

M. PRUD'HOMME.

N'approuvez - vous pas aussi Monsieur les belles
saillies de l'Auteur contre les Sts Religieux d'Utrech ?

M. COURANT.

Vous regardés comme Sts des gens qui ont emporté par charité l'argent de leur Monastere, qui
donnent les violons & des repas dans le tems qu'ils
devroient chanter Matines.

Melle JULIE.

Mais mon Oncle, en verité il semble que vous
soyez gagé pour approuver tout le mal que l'Auteur dit.

M. COURANT.

La neutralité ma Niece : la neutralité !

Melle PINSEBREE.

Pour moy je fuis outrée de l'article fur la grace, car il n'y a plus de definition : s'elle n'eft ny *fimpathique* ni *harmonique* ni *communicative* il faut renoncer à la Theologie.

M. COURANT.

Et mon amy l'Abbé Brutal comment eft-il traité parce qu'il rompt en vifiere tous les Conftitutionaires.

Mme PERETTE.

Et le pauvre Abbé Cornichon mon Neveu, dont on va entendre les Sermons par charité.

M. FEUILLECODE.

Et nos libertez morbleu, Meffieurs nos libertez & les Droits du Royaume, dire que la Conftitution ne les renverfe pas, voilà le grand mal.

M. PRUD'HOMME.

Et les Miracles de S. Paris comme il les a decriez ?

M. COURANT.

Eh bien ! il a dit qu'ils fe faifoient pour de l'argent, demandés à Madame Perette ma chere Sœur, ce qui lui en a coûté ?

Mme PERETTE.

Il eft vray, mais en font-ils moins bons, j'y vuiderois plûtôt toute la Boête pour faire enrager les Molififtes. Si l'Auteur avoit fait fa Comedie dans ce tems-cy & qu'il eut vû tous les Miracles & les Saintes Convulfions il en auroit crevé de dépit.

Melle JULIE.
Tout cela est plus capable de faire mourir de rire
que de crever de dépit. Encore si il m'étoit permis
d'aller voir ces Saints Convulsionaires !

Mme PERETTE.
Non, ma fille, il ne vous convient pas d'aller là
pour vous en moquer, vous ne verrez ni Miracles,
ni Convulsions, que vous n'aïez épousé dans M.
Crasbec, la Morale severe.

M. PRUD'HOMME.
Messieurs, nous n'avancons pas beaucoup, il faut
aller au remede.

M. COURANT.
Oüi, il faut foudroyer cette Piéce.

Mme PERETTE.
Il faut l'écraser.

Melle JULIE.
Il faut la pulverifer.

M. COURANT.
C'est bien dit, il faut la foudroyer, l'écraser, la
pulverifer, mais comment, voilà le difficile ?

M. DE BONNEVUE.
Messieurs, le meilleur est pour vous de la laisser
tomber, croyez-moi, si vous allez faire quelque chose contre, elle aura un plus grand cours.

M. COURANT.
Non, il faut la foudroyer, l'écraser, la pulverifer.

Melle PINSEBREF.
Mon sentiment, pour moi, ce seroit d'en faire
une bonne Critique, une excellente Parodie, que
j'engerai imprimer à Lion, par Gaftorer, afin que lo
remede vienne, d'où est venu le mal.

M. COURANT.

Une excellente Parodie, une bonne Critique, cela est bon.

Melle PINSEBREF.

Et moi, je veux l'habiller encore une fois, dans la Gazette, à ma maniere, car elle me tient fort au cœur.

M. COURANT.

La Gazette Ecclesiastique, l'y planter pour la troisiéme fois, nous n'y pensions pas, à merveille !

M. GROSBEC.

Et moi, Messieurs, j'ai gardé jusqu'ici le silence pour mieux parler, je menage un bon Requisitoire contre la Piéce.

M. COURANT.

Vertu M. Grosbec *un bon Requisitoire*, celui-là est fort.

M. FEUILLECODE.

Et *la Consultation* Messieurs, vous n'y pensez pas : voilà l'unique, voilà la grande voye.

M. COURANT.

La Consultation, nous oublions la Consultation à miracle.

Mme PERETTE.

Et moy Messieurs, je crois que vous n'y entendez rien ?

M. COURANT.

Écoutons, car elle reve depuis long-tems.

Mme PERETTE.

Eh bien ! je crois qu'il faut faire comme nous avons fait jusqu'icy & ce qui nous a si bien réussi,

il faut en acheter tous les Exemplaires afin d'empêcher qu'ils ne courent dans le Public.

M. COURANT.

Eh bien nous croyons avoir tout dit & ne voilà
pas le veritable moyen, il y a une petite difficulté,
c'est que j'ai payé celuy que j'ay envoyé à ma Niéce
deux bons écus, l'affaire ira loin si il y en a une
vingtaine d'éditions de deux ou trois mille Exemplaires chacune, n'importe : c'est une bagatelle.

Mme PERETTE.

Nous avons une excellente ressource, l'argent qui
nous vient de la Gazette, il faut qu'il aille à cette
bonne œuvre.

M. PRUD'HOMME.

Oüi mais nos S. Solitaires il faudra donc qu'ils
jeunent pendant ce tems-là.

Melle PINSEBREF.

Et les Miracles de S. Paris & les Pensions du pauvre Abbé Bescherant, ce Diable boiteux, notre amy
qui nous a si bien servy au Tombeau.

Melle JULIE.

Et les pensions de la petite Eglise.

M. FEUILLECODE.

Et les écrits contre les Mandemens des Evêques ?

M. PRUD'HOMME.

Tenons nous en Messieurs à nôtre premier dessein
une bonne parodie, je ne sçay pas trop le theatre
mais le zele y supplera.

Melle PINSEBREF.

Je me charge moy de la faire imprimer, j'en par-
leray à nôtre Quêteur que j'attends.

M. GROSBEC.

Et moy je me charge du réquisitoire, j'ai quelque
Auditat dans les bas Bancs, quoique la longue robe
ne soit pas pour nous.

M. FEUILLECODE.

Et moi Messieurs je vous promets une bonne Consultation avec les secours de Messieurs Tintamare
Frondebulle & Braillardin, nous aurons une excellente Piece.

M. COURANT.

Ca Messieurs il s'agit ce travailler au plus vite,
dès que vous serez prêts nous nous rassemblerons
vous nous trouverez icy en bonnes œuvres.

Fin du troisième Acte.

ACTE IV.

SCENE I.

CASTORET. *Seul.*

N'Y-a-t'il-là personne ? Non. Par ma foi, Mrs.
vous me la donnez belle, nous avons la peine
& vous avez le profit, la peste comme ils y vont là
dedans ; petit Troupeau choisi, bonne table, grande
chere, grande joye, ils l'entendent, il n'est rien tel
que d'enseigner la Morale severe & de pratiquer la
Morale relachée, je crois que nos Quêtes pourroient
bien s'en aller par là : mais chût n'en disons mot,
ils font leur métier, faisons le nôtre en tout honneur.

Voyons, un peu, ce qu'ils m'ont donné pour mon
voyage, & examinons nos Logemens. Je ne suis pas
autrement, content de mon Pelerinage. Le zele est
bien ralenti parmi Messieurs nos FLAMANDS, parbleu
ils sont Romains jusqu'aux dents : c'est bien dom-
mage, que dans ces Pais là , où nous étions si bien
autrefois, on ne veüille pas plus souffrir un Janseniste que l'Ante-Christ. Oh oh ! Madame l'ARCHI-
DUCHESSE comme vous y allez, la peste, elle m'a te-
nu deux Mois & demi en Prison , la bonne Dame !
parce que j'avois distribué chez-elle des Reliques de
S. Paris , encore bien content d'avoir sauvé le moule
de mon pourpoint. Et nos Messieurs de Lille , qui
n'ont pas donné un Patard A LA BOETE A PERETTE,
ma foi je serois mort de faim dans tous ces Cantons
là avec mes Images de Saint Paris , sans la charité
d'un bon Docteur de *P*** qui a une grande charge dans les Etats de la Calotte , la peste ! s'ils me ra-
trappent dans ce Pais là , il faut aller tenter fortune
ailleurs, & prendre un peu les voyes detournés.

Route de Castoret de Paris à Lion.

DE PARIS à ETAMPES , séjour. On loge chez nos
Sœurs de la C***. D'ETAMPES à Orleans , séjour.
Peste oüi & bon séjour. *L'Emerillon, Fontpertuis* c'é-
toit là les bonnes Auberges , qu'il faisoit bon là ja-
dis pour les pauvres Quêteurs. On loge chez nos
Sœurs du B *** , distribution des Images de Saint
PARIS & de la Poussiere du S. Tombeau. D'OR-
LEANS à GIEN , bonne Auberge chez le Curé de S.
LOÜIS*. Il ne faut pas se frotter au Curé de Saint
Laurent A LA CHARITÉ. Diocese d'Auxerre , tout ce

____
* Il vient d'être mis à Bicêtre , par une Lettre de cachet.

Diocese est bon & fournit beaucoup, bon gîte chez le Curé de S. Jacques, qui fournit amplement son contingent à la Boëte à Perette. A NEVERS, bonne place du Parti, Quêtes à l'Abbaye de S. Martin, aux Presbyteres de S. Victor, de S. Etienne & de S. Laurent, aux Dames de la Visitation, &c. A MOU-LINS pauvre séjour, &c.

SCENE II.

ROZETTE, CASTORET.

ROZETTE à part.

QUe fait donc là Castoret ? il n'est pas encore parti. [à Castoret] N'avez-vous pas ce qu'il vous faut ?

CASTORET.

Oüi, ma chere Rozette, si vous vouliez venir avec-moi, les choses en iroient mieux.

ROZETTE.

Pas trop, je ne vois pas du moins que je rapor-tasse beaucoup de mes Quêtes. Tu es bon, mon pau-vre Castoret, d'être si scrupuleux sur l'Article, crois-moi la Boëte à Perette ne manquera pas; jamais elle n'a été plus riche & jamais elle n'a tant donné. Je n'ai jamais vû tant de Boiteux, tant d'Hydropiques, tant d'Estropiés, tant de Convulsionnaires à qui Madame donne pour ces pestes de Miracles qui nous ruineront à la fin, si l'on n'y met Ordre.

CASTORET.

Je crois qu'on va bientôt fermer la Porte aux Mi-racles & qu'on aubergera en lieu sûr, la meilleure

partie de ces honêtes gens qui se mêloient comme moi
de Convulsions, je m'en suis tiré, Dieu merci, & je
vais gagner le Païs au plus vite pour faire imprimer
d'excellentes Piéces que Mademoiselle de Pinsebref
m'a donné. Ma foi, Rozette, je crois que je puis
bien te dire ma pensé, si tu veux de Castoret, avec
tout ce qui reviendra de cette Quête, je suis à toi
aussi-bien suis-je bien las du métier.

ROZETTE.

Assurément, je ferois là un gros gain, il y a plus
à perdre qu'à gagner.

CASTORET.

Rozette, je t'en prie !

ROZETTE.

Non non, je ne veux point faire tort à d'autres,
à vûe d'œil, Castoret est un homme qui merite
mieux que Rozette.

CASTORET.

Je t'en conjure.

ROZETTE.

Je n'en ferai rien.

CASTORET.

Pour l'amour de moi !

ROZETTE.

Vraiment, voilà un joli museau.

CASTORET.

De par Sainte Arnaud !

ROZETTE.

Non.

CASTORET.

Par Saint Paris !

ROZETTE.

Non non, te dis-je, non.

CASTORET.

Rozette tu ne seras pas toûjours si fiere, quand tu veras briller l'Or que je rapporterai, tu me voudras, tu feras rage pour m'avoir, & peut-être que tu ne m'auras pas.

ROZETTE.

Retire-toi & laisse-nous en repos, ta presence poura m'être agreable à ton retour, tu verras bien du changement, souviens-toi bien des Convultionnaires. *Castoret part.*

SCENE III.

Melle JULIE, ROZETTE.

ROZETTE.

VOus avez donc juré de venir me relancer par tout, que ne me laissiez-vous un moment en repos ? ma fortune étoit faite, & elle reste encore à faire.

Melle JULIE.

Je n'ai pas voulu tarder un moment ; je te cherchois pour te parler en liberté, tu es cause que j'ai mis tantôt M. de Bonnevûë dans un terrible embarras.

ROZETTE.

Ce n'est pas ma faute, mais ne craignez rien je luy ay parlé & nous sommes convenus de nos faits, vous serez contente.

Melle JULIE.

As-tu imaginé quelque chose de favorable ?

ROZETTE.

Vous verrez la plus plaisante Scene du monde ;
il m'est venu l'idée la plus jolie pour joüer nôtre homme & vous faire obtenir ce que vous souhaitez.

Melle JULIE.

Comment donc ?

ROZETTE.

Attendez, tout cela sera drole, mais avec luy on
peut tout hazarder, j'ai l'experience qu'il donne volontiers dans toutes ces fariboles.

Melle JULIE.

Qu'as-tu donc conclu avec M. de Bonnevue ?

ROZETTE.

Un Stratagême que vous ne devineriez pas.

Mele JULIE.

Mais apprend moi encore ; Je ne devine pas ce
que tu veux faire, mais je devine que tu réüssiras dés
que tu t'en mêle. ROZETTE.

Il faut s'il vous plaît vous prêter à tout, j'entends
M. Prud'homme. Retirez-vous dans ce Cabinet &
n'en sortez point que je ne vous avertisse, le S. homme sçait que nos Dames ne sont pas ici : il ne vouloit pas manquer de s'y rendre.

ᖫᖫᖫᖫᖫᖫᖫᖫᖫᖫᖫᖫᖫᖫᖫ

SCENE IV.

ROZETTE, M. PRUD'HOMME.

ROZETTE.

V Ous venez fort à propos, nous sommes dans
un embarras le plus étrange.

M. PRU-

M. PRUD'HOMME.

Quoi donc ! qu'est-il arrivé, ma chere Rozette ?

ROZETTE.

M. de Bonnevië, que vous avez vû tantôt...

M. PRUD'HOMME.

Eh bien !

ROZETTE.

Eh bien ! il demande en mariage Mademoiselle Julie, c'est un bien qu'il veut confisquer à son profit.

M. PRUD'HOMME.

Et que dit-elle à cela ?

ROZETTE.

Il bat les buissons pour le profit de vôtre frere, il aura la peine de s'en passer, ne vous allarmés point, elle vous est fort attachée & à M. Grosbec, je ne crois pas qu'elle change, mais il faut presser l'affaire & la gagner absolument, les filles ont l'humeur fort ambulatoire comme vous sçavez, il faut les fixer.

M. PRUD'HOMME.

Comment pourrois-tu faire pour cela dis-moi ?

ROZETTE.

Je ne sçai pas trop. Elle aime un peu être galantisée.

M. PRUD'HOMME.

Songe un peu à ce qui pourroit lui faire plaisir.

ROZETTE.

Attendez...... evertuons un peu nôtre imaginative. Que faire...... oüi...... tenez il me vient un bon moyen......

M. PRUD'HOMME.

Eh bien ?

ROZETTE.

Il ne vous seroit pas difficile......

M. PRUD'HOMME.

Comment ? Tu n'as qu'à parler.

ROZETTE.

Nous voilà bien-tôt, graces à Dieu dans le Carnaval. Sa Mere l'a toûjours tenuë extremement de court, elle n'a jamais vû de Spectacles.

M. PRUD'HOMME.

La chere enfant, & qui l'empêche d'y aller ?

ROZETTE.

Elle a une passion furieuse pour la Comedie, depuis qu'il m'est échapé de lui dire que vous m'y avez mené, elle ne me donne point de patience.

M. PRUD'HOMME.

Quoi, tu lui as dit que je t'avois mené à la Comedie, es tu folle ?

ROZETTE.

Je ne l'ai dit qu'à elle.

M. PRUD'HOMME.

De quoi t'es-tu avisée ?

ROZETTE.

Maintenant qu'elle va être vôtre belle Sœur, j'ai crû que je ne lui devois rien cacher.

M. PRUD'HOMME.

Elle en a été scandalisée ?

ROZETTE.

Point du tout.

M. PRUD'HOMME.

Tu n'en as parlé qu'à elle ?

ROZETTE.

Je n'ai eu garde.

M. PRUD'HOMME.

A la verité, pour peu qu'on prenne bien ses mesures, il n'y a point de mal à tout cela, Opera, Comedies, Mascarades, pourvû que l'interieur soit bon, je ne vois pas grand mal à ces petits divertissemens.

ROZETTE.

Du mal d'aller à la Comedie, je n'en vois point.

M. PRUD'HOMME.

Pour peu qu'on soit en habit decent.

ROZETTE.

Eh oüi.

M. PRUD'HOMME.

Et qu'on ne vous reconnoisse pas.

ROZETTE.

Voilà le point. Il faut que vous sassiez pour elle ce que vous avez fait pour moi.

M. PRUD'HOMME.

Tu te moques. Je ne le ferai pas.

ROZETTE.

Vous le serez......

M. PRUD'HOMME.

Non assurement, à moins que je ne sois emporté par une delectation terrestre.

ROZETTE.

Vous le serez, vous dis-je; d'ailleurs, sçavez-vous bien à quelle Comedie elle veut aller ?

M. PRUD'HOMME.

A la Comedie Françoise ou l'Italienne.

ROZETTE.

Non ... vous ne le devineriez pas... c'est à la Comedie de Saint Paris.

M. PRUD'HOMME.

Eh que ne parle tu donc ? sans mettre les gens en peine, oh il n'y a plus tant de difficultés, si il ne s'agit que de cela, nous avons Ville gagnée.

ROZETTE.

Elle a une passion furieuse de voir faire des Convulsions. Sa mere ne veut pas lui permettre, parce qu'elle croit que toutes les Convulsions se font de bon jeu & qu'elle apprehende que sa fille ne s'avise d'en railler devant tout le monde, elle me disoit tantôt, Rozette, si M. Prud'homme vouloit bien prier ma mere de me laisser aller aux Bien-heureux Sauteurs, s'il y vouloit venir avec moi, mais non il ne le fera jamais, j'ai gagé avec elle que vous iriez & que si elle vouloit vous feriez vous-même des Convulsion devotes & perilleuses pour l'amour d'elle, aussi bien que M. Grosbec, ou que si vous n'en faisiez pas, je me chargeois d'en faire une douzaine.

M. PRUD'HOMME.

S'il ne faut que cela pour la gagner, il est aisé de la satisfaire, tu peux l'en assurer de ma part. Des Convulsions ! Voilà un bel Opera, je sçai remüer le col, je sçai tourner les yeux dans la tête, je puis rüer de la jambe, je puis crier comme un Possedé. Des Convulsions ! J'en ferois trente par jour, moïennant un Leçon de l'Abbé Bescherant, je m'en tirerai aussi-bien qu'un autre. Mais il ne faut pas que la mere sçache tout cela.

* Cet Abbé vient enfin d'être mis à S. Lazare le *de Mars, après bien des folies qu'il a fait au Tombeau.

ROZETTE.

Eh oüi, vraiment, nous ſerions dans des beaux Draps blancs, allez c'eſt une bonne ſempiternelle, qui n'a d'eſprit que ſes dix mille livres de Rente, elle n'examine pas les choſes de ſi près.

M. PRUD'HOMME.

Tu as encore raiſon, mais Pinſebref ?

ROZETTE.

Pinſebref eſt ſortie avec ſa mere, elles ſont à leurs Grilles, & de-là à la petite Aſſemblée ; vous ſçavez que nous étions de retour la ſemaine derniere avant eux, & que nous eûmes encore le tems de nous rafraîchir.

M. PRUD'HOMME.

Julie eſt-elle ici ?

ROZETTE.

Non, mais elle n'eſt pas loin.

M. PRUD'HOMME.

Eh bien, puiſqu'elle veut des Convulſions, avertis-la de tout, elle aura *des Convulſions*, je vais dire un mot à mon frere & je reviens dans le moment.

SCENE V.

Melle JULIE, ROZETTE.

Melle JULIE *ſortant du Cabinet.*

Eſt-il là ?

ROZETTE.

Non.

Melle JULIE.

Prens-y bien garde au moins.

ROZETTE.

Il n'y est pas vous dis-je.

Melle JULIE.

En verité tu es folle !

ROZETTE.

Un peu, mais pas tant que vous pensez.

Melle JULIE.

Je ne reviens pas de ce que je viens d'entendre !

ROZETTE.

Je vous l'avois dit, vous ne vouliez pas le croire, vous le croyez maintenant, vous en sçauriez bien d'autres, si vous connoissiez le Personnage comme moi.   Melle JULIE.

Il t'a mené à la Comedie ?

ROZETTE.

Je vous l'ai déja dit.

Melle JULIE.

Il étoit donc deguisé ?

ROEZETTE.

Cela s'entend, c'est ainsi qu'il vous menera à S. Paris.   Melle JULIE.

Et c'est là ce devot Personnage qui contrôle tout ? C'est là cette Oracle dont ma mere est coëffée ? Cacher une ame si mechante !

ROZETTE.

Vous voilà bien étonnée, allons il faut aller jusqu'au bout, il faut que vôtre mere soit desabusée de ce perfide.   Melle JULIE.

Je ne pourai soutenir mon Personnage.

ROZETTE.

Ah ! ne faites point ici la scrupuleuse, il faut témoigner un desir ardent d'aller voir les Bien - heu-

reux Sauteurs & de lui voir faire des Convulsions,
vous n'y resterez pas long-tems, le Marquis est ins-
truit de tout, & il lui prepare un tour dont nous
sommes convenus, qui vous tirera d'intrigue.

Melle JULIE.

Mais son frere il faudra l'épouser ?

ROZETTE.

Son frere est un fourbe dans un autre genre, qui
sera pris au même piege, je veux vous laisser le plaisir
de la surprise.

Melle JULIE.

Il faut donc, puisque tu le veux, user de contrainte
& par un heureux stratagême, faire poser le masque
à ces imposteurs.

ROZETTE.

Le voici, employez toute vôtre adresse.

SCENE VI.

Melle JULIE, M. PRUD'HOMME,
ROZETTE.

Melle JULIE.

JE vous attends, Monsieur, avec impatience vous
me mettez au comble de mes vœux, il y a un tems
infini que je brûlois d'envie d'aller aux Bien-heureux Sauteurs, voici la plus belle occasion du monde, ma mere & ma sœur ne sont point ici.

M. PRUD'HOMME.

C'est pour cela qu'il faut être plus sage.

Melle JULIE.
Etre sage à dix-huit ans, en verité, vous ne le
voudriez pas.

M. PRUD'HOMME.
Julie vous m'étonnez de parler ainsi.

ROZETTE.
Bon bon, vous m'étonnez bien davantage, nous
perdons ici le tems, ne sommes-nous pas convenus de tout ? Allez, elle est instruite, ce n'est pas
une ame scandalizable.

M. PRUD'HOMME.
Nous pouvons donc parler ici sans fard,

Melle JULIE.
Sans fard & sans mistere aucun.

M. PRUD'HOMME.
Parlons bas. Une loüable curiosité vous porte donc
ma chere sœur, (car je vous regarde desormais &
je vous aime comme ma sœur) une sainte curiosité vous porte donc d'aller aujourd'hui à la Comedie
de Saint Medard.

Melle JULIE.
Oüi, mon cher beau-frere & vous me ferez un
plaisir sensible de m'y conduire, & si cela ne vous
faitpoint de peine, d'y faire pour moi quelques Convulsions.

M. PRUD'HOMME.
Cela est un peu difficile, il me faudroit quelques
Leçons, mais le zele y supplera, c'est un diverisse-
ment innocent & un spectacle édifiant que je donnerai volontiers, aussi-bien que mon frere, mais à
deux conditions, la premiere, que la mere & la sœur
n'en sçauront jamais rien, elles n'ont pas l'esprit fort

comme vous, & il eſt bon de menager certains eſ-
prits, vous m'entendez ; la deuxieme, c'eſt que vous
ſignerez, ce ſoir, le Contrat.

Melle JULIE.

Cela ne fera pas le moindre ply.

M. PRUD'HOMME.

Vous me le promettez.

Melle JULIE.

Je vous le promets, & vous pouvez compter la
choſe faite.

M. PRUD'HOMME.

Il ne s'agit plus que de voir comment nous nous
y prendrons, il faudra un peu me déguiſer, car vous
ſçavez combien le Monde eſt malin, il faudra faire
proviſion de Couſſins, mon Frere nous attendra à
quatre heures preciſes au bas de l'eſcalier avec un
Caroſſe.   ROZETTE.

Deſpêchons-nous car il eſt tems.

M. PRUD'HOMME.

Je reviens dans le moment.

Melle JULIE.

Et moi je vais pendant ce tems-là me tignoner &
m'encapoter de telle ſorte qu'on n'y connoîtra rien.

SCENE VII.

ROZETE, Melle JULIE.

ROZETTE.

Tout ceci vous ſurprend n'eſt-il pas vrai, vous
avez fait à merveille vôtre Perſonnage.

Melle JULIE.

Laisse moy respirer un peu, je n'y tiens plus, en-
verité j'apprehende que la plaisanterie ne soit un peu
trop forte & que les suites n'en soient pas heureuses
pour moy.

ROZETTE.

Je n'ai jamais vû une fille meticuleuse comme vous :
Que risquez-vous ? quand le projet ne réussiroit pas,
vous aurez vû des Convulsions, & de plus vous aurez connu le Personnage.

Melle JULIE.

Oüi, mais au retour il faudra signer.

ROZETTE.

Eh bien ! je vous réponds du contraire, jamais
M. Grosbec ne vous éponsera.

Melle JULIE.

Pourquoi ?

ROZETTE.

C'est que jamais il ne vous éponsera, je suis sûre
de mon fait, allez surement, bonne contenance,
tout dépend de là, Torticolis est en bas qui ira avec
vous, elle est instruite de tout, M. de Bonnevûé
vous ramenera, il a parlé à qui il faut : tout est conclu & arrêté.

Melle JULIE.

Tu me mets dans un embaras étrange, tes mesures sont elles bien prises au moins ?

ROZETTE.

Quelle fille, eh oüi ! vons êtes insurportable.

Melle JULIE.

Allons donne moi donc une Capotte, ôte moi ces
Rubans, mon Collier, ces Engageantes, tout ceci est

un peu hazardeux, fers bien mon Diamant & ces Pen-
dans d'Oreilles, prens garde à mon S. Efprit de Per-
les.... Si cette Avanture ne réuffit pas !

ROZETTE.

Elle réuffira, il faut la brufquer : c'eft un coup
d'Etat & vous voila heureufe à jamais.

Melle JULIE.

A propos, que diras-tu à ma Mere fi elle eft de retour avant moy ?

ROZETTE.

Ce que je lui dirai ! Bon, on manque bien de raifons, je lui dirai...... attendez...... ma foi je fuis au
bout de mes pelotons.

Melle JULIE.

Dis-lui que je fuis allé dans le voifinage, voir la
mere de M. Tonneau, qui eft malade ; tu laifferas
la Porte de l'Efcalier ouverte.

ROZETTE.

Voilà bien des précautions.

❧❧❧❧❧❧❧❧❧❧❧❧❧❧❧

SCENE IX.

M. PRUD'HOMME, Melle JULIE ROZETTE, TORTICOLIS.

M. PRUD'HOMME.

P Eut-on paroître ?

ROZETTE.

Oüi. *(bas)* Quel minois ! Eft-ce bien lui !

M. PRUD'HOMME.

As-tu bien fermé la Porte ?

ROZETTE.

Il n'y a rien à craindre.

M. PRUD'HOMME.

Torticolis a ye l'œil au guet & prens garde qu'il
n'entre personne.

TORTICOLIS.

Il est tems d'aller, le Carosse nous attend à la petite Porte. M. Grosbec est allé devant, il a dejà fait
dix Cabrioles sur le Tombeau.

M. PRUD'HOMME.

Eh bien, me reconnoissez-vous avec cet équipage ?

Melle JULIE.

Je defierois bien tout Paris de vous reconnoître
sous ce Manteau.

ROZETTE.

Regardez-le donc avec son habit d'Invalide ; il
lui fait à merveille. Attendez que je mette un peu
vôtre Perruque droite, vous avez bien fait de l'at-
tacher.

M. PRUD'HOMME.

Vous croyez donc que cela va bien ?

Melle JULIE.

On ne peut pas mieux.

M. PRUD'HOMME.

Vous ne me reconnoîtriez pas.

ROZETTE.

En vérité, si je n'étois avertie de l'affaire, j'y serois trompée. Je vous prendrois pour un veritable
Pierrot. Vertu tout cela me paroit neuf, c'est du
plus fin, il n'y a point là ma foy de Friperie.

M. PRUD'HOMME.

Que pensez-vous de tout ceci ?

Melle JULIE.

Si vous ſçaviez combien j'aime une vertu qui ſçait s'humaniſer.

M. PRUD'HOMME.

Voilà une vraie maſcarade, mais le Carnaval autoriſe tout cela.

TORTICOLIS,

Je crois qu'on frape à la Porte . . . . . oüi c'eſt un viſage que je ne connois pas Allons vite décamper par le petit eſcalier, prenez bien garde ſur tout au FEMUR & au TROKANTER * en faiſant des Convulſions.   ROZETTE.

Torticolis, rapporte les Couſſins, & ne quitte point Julie & fais bien tout ce que je t'ai dit.

M. PRUD'HOMME.

Adieu, juſqu'au revoir.

ROZETTE.

Je crois bien que ce ne ſera pas ſitôt, & moi je vais de ce pas congedier Madame l'Inconnuë & attendre en paix l'effet de mes machines. Nous verrons ſi le Docteur PIERROT ſe tirera de la patte de M. Loyal qui va tomber ſur ſa friperie dès qu'il ſera ſes Sauts perilleux, il le logera en bonne compagnie, il pourra faire là tant de Convulſions qu'il voudra.

* Un Convulſionaire s'eſt caſſé le FEMUR & le grand TROKANTER en faiſant des Sauts au Tombeau, ſuivant le Procés verbal des Chirurgiens qui l'ont interrogé à la Baſtille par Ordre de M. le Lieutenant de Police. Ce Convulſionaire reçevoit ſix francs par jour pour faire le mêtier de Sauteur.

Fin du quatriéme Acte.

ACTE V.
SCENE I.
Mme PERETTE, Melle PINSEBREF, ROZETTE.

Mme PERETTE.

N'Est-il venu personne ?

ROZETTE.

Il est venu d'abord une Dame que je ne connois pas, elle m'a assez l'air d'appartenir à quelqu'un de Mrs les Cinquante, elle m'a dit qu'elle vouloit vous parler absolument aujourd'hui, pour une affaire de conséquence.

Melle PINSEBREF.

Ce sera peut-être la Quêteuse de Saint Roch.

ROZETTE.

Mademoiselle Modusta, je ne connois qu'elle au monde, non, je lui ai dit de revenir ce soir.

Mme PERETTE.

N'est-il point venu d'autre personne ?

ROZETTE.

Pardonnez-moi, Madame Betard est encore venu vous demander ; elle est bien en colere de ce qu'on l'a mis dans la Comedie, elle dit qu'elle ne veut plus entendre parler de Jansenistes.

Melle PINSEBREF.

Elle a tort, on lui rendra justice.

Mme PERETTE.

Et ma fille, qu'est-elle devenue ?

ROZETTE.

Elle eſt allée tenir compagnie à la pauvre Madame
Tonneau qui eſt malade elle m'a dit de l'aller avertir pour ſouper.

Mme PERETTE.

Et M. Prud'homme, n'eſt-il point venu depuis
l'Aſſemblée ?

ROZETTE.

Je l'ai vû dans la ruë, en allant conduire Made-
moiſelle Babet à ſa Penſion.

Mme PERETTE.

Il alloit apparemment prier Dieu. Le S. homme!
Il avoit promis d'être ici de bonne heure.

ROZETTE.

Les prieres ſont longues voyez-vous dans ce tems-ci

Melle PINSEBREF.

Peut-être auſſi travaille t-il à ſa Comedie ;

ROZETTE.

Ce ſera une bonne Piéce, je crois qu'elle appré-
tera bien à rire : Voici quelqu'un, n'eſt-ce pas luy ?

SCENE II.

Melle ANTIBULLE*, Mme PERETTE,

Melle PINSEBREF, ROZETTE.

Melle ANTIBULLE.

Toute inconnuë que je ſuis, je vous demande
Madame un moment d'audience, eſt-il poſſi-

* Madame Grosbec.

ble Madame que M. Grosbec soit venu demander
vôtre Fille en mariage tandis qu'il est marié en Province.

Mme PERETTE.

Mademoiselle, que dites-vous de M. Grosbec ?

Melle ANTIBULLE.

Je dis Madame que je suis la plus infortunée personne du monde & malheureusement mariée à M.
Grosbec.

Mme PERETTE.

A M. Grosbec ! le Frere de M. Prud'homme,

Melle ANTIBULLE.

A luy-même, Madame !

Mme PERETTE.

Qui demande ma Fille en mariage !

Melle ANTIBULLE.

A luy-même encore une fois.

Mme PERETTE.

Avec qui nous devons passer ce soir le Contrat
de mariage !

Melle ANTIBULLE.

Je l'ai sçû & je suis venu exprès pour vous détromper.

Mme PERETTE.

Vous me surprenez étrangement.

Melle ANTIBULLE.

J'en suis outrée !

Melle PINSEBREF.

Mais cela ne paroit pas possible, son Frere M.
Prud'homme....

Melle ANTIBULLE.

C'est un imposteur, il a voulu vous tromper après

m'avoir

m'avoir trompée la premiere. Toute ma Famille
Madame ne vous sera pas inconnuë ; vous avez entendu parler de la Maison d'Antibulle ?

Mme. PERETTE.

Vous êtes une Demoiselle Antibulle ?

Melle ANTIBULLE.

L'Aînée de la Famille.

Melle PINSEBREF.

Des Antibulles d'Orleans ?

Melle ANTIBULLE.

Oüi Mademoiselle, la Sœur de la derniere Papesse.

Mme PERETTE.

Et vous avez épousé M. Grosbec ?

Melle ANTIBULLE.

En voici la preuve, voici le malheureux Contrat
que j'ai signé après luy.

Melle PINSEBREF.

M. Grosbec, le frere de M. Prud'homme !

Melle ANTIBULLE.

L'imposteur jamais il ne paroîtra ici, on y a mis
bon ordre, il vient d'être arrêté à ce malheureux
Tombeau, où il s'est avisé de vouloir faire le mêtier
de Sauteur, on l'a mis en lieu sûr, je n'ai pas voulu vous laisser ignorer une pareille avanture. Le malheureux, je sçai qu'il a voulu perdre vôtre famille
par une alliance criminelle.

Mme PERETTE.

Non, Madame.... je n'en reviens pas.

Melle PINSEBREF.

Attendons M. Prud'homme pour nous éclaircir
de tout le mistere.

SCENE III.

Mme PERETTE, M. COURANT,
Melle PINSEBREF, ROZETTE,
M ANTIBULLE.

M. COURANT.

SCavez-vous l'aventure ?

Mme PERETTE.

Non, je ne la crois pas encore.

M. COURANT.

On vous l'a déjà dit ?

Mme PERETTE.

J'en suis outrée, je n'en reviens pas.

M. COURANT.

Il a été pris sur le champ.

Mme PERETTE.

Oüi, Madame vient de me le dire.

Melle ANTIBULLE.

L'imposteur ne verra de long-tems le jour.

M. COURANT.

Je le crois bien, car il est sous bonne garde, &
on le mene je crois droit aux petites Maisons, il le
merite bien.

Mme PERETTE.

Que dira à tout cela M. Prud'homme ?

M. COURANT.

M. Prud'homme ! Eh, c'est lui - même dont je
parle ! C'est lui qui vient d'être pris en habit de

Pierrot , sur le Tombeau de S. Paris, où il falloit des Convulsions.

Melle PINSEBREF.

Que dites-vous , mon Oncle ? En voici bien d'un autre ?

Mme PERETTE.

M. Prud'homme a été pris deguisé au Tombeau de Saint Paris le frere de M. Grosbec ?

M. COURANT.

Luy-même.

Mme PERETTE,

O Ciel ! autre disgrace.

ROZETTE.

Ouf ! je creve de dépit , voilà bien un autre encombre , helas ! qui eut jamais prevû tous ces malheurs ?

M. COURANT.

N'est-ce pas cela dont vous parliez ensemble ?

Mme PERETTE.

Non , Madame venoit nous declarer que depuis deux ans elle est la femme de M. Grosbec qui a été pris , il y a un moment dans le même exercice que son frere.

M. COURANT.

Madame est Madame Grosbec , la femme de Grosbec qui demandoit ma Niece en mariage , qui vouloit en faire la Papesse Julie . . . . l'Imposteur ! il étoit marié à cette Dame, le Scelerat !

Mme PERETTE.

Tout cela me jette d'un trouble dans un autre & je ne comprend rien à toutes ces avantures, voici ma Fille qui sçaura apparemment l'affaire.

G 2

SCENE IV.

Mme PERETTE, Melle PINSEBREF,
M. COURANT, Melle JULIE,
M ANTIBULLE, ROZETTE.

Melle JULIE.

VRaiment, ma mere, on vient de m'apprendre
une belle nouvelle !

Mme PERETTE.

Ma pauvre fille, tout est perdu !

Melle JULIE.

L'Avanture me passe, j'en suis tout hors de moi.
Quels Imposteurs ! à qui se fier desormais ? J'ai quitté sur le champ la pauvre Madame Tonneau.

Melle PINSEBREF.

Non, il y a là dessus du mal entendu.

Mme PERETTE.

Un traitre s'être glissé chez moi pour suborner
ma fille !

ROZETTE.

Mon cher M. Prud'homme ! Non, je veux aller
le délivrer, j'engagerai plûtôt tout ce que j'ai.

M. COURANT.

Avec sa mine froide, se faire prendre comme un
sot en habit de Pierrot. Que n'y alloit-il comme
moi en habit court. Voilà M. de Bonnevûë qui va
nous mettre au fait de toute l'affaire.

SCENE CINQUIEME,
ET DERNIERE.

Melle ANTIBULLE, Mme PERETTE, M. COURANT, Melle PINSEBREF, Melle JULIE, M. DE BONNEVUE, ROZETTE.

M. DE BONNEVUE.

MA foi, Madame, voilà une triste Avanture, M. Prud'homme pour le coup, a manqué de PRUD'HOMMIE. J'etois auprès de lui sans le connoî- tre & je l'ignorerois encore, s'il ne m'eût parlé. Dès le premier Saut, des Gens apostés par le Lieutenant de Police, lui ont mis la main sur le Collet. Ils avoient déjà saisi une demie douzaine de Sauteurs, de Ca- brioleurs & de faux Estropés qui s'étoient défendus en braves, il y avoit eû du sang répandu : dès que M. Prud'homme qui étoit déguisé a voulu montrer le nez sur le Tombeau, ils l'ont pris & conduit avec les autres, tout le monde court après. On va dit- on fermer aujourd'hui, par Ordre du Roi, la Bou- tique aux Miracles *, nous n'en sçaurons que trop

* Le Cimetiere a été fermé par Ordonnance du Roy du 9. Février, & les Sauteurs ont été conduits les uns à la Bastille, les autres à Bicetre, ou aux Petites Maisons où ils ont été interrogez par M. le Lieutenant de Police, & ils ont avoüez toute la friponnerie des Janseniftes.

Le Prêtre *Robert*, l'Agent du Parti, vient de mourir su- bitement en mettant de la Terre du Tombeau sur sa tête.

côt les suites pour le pauvre Prud'homme, ma foi
j'en suis fâché.

M. COURANT.

Voici bien un autre incident, qui vous interesse
davantage, son frere M. Grosbec qui a été pris un
moment auparavant, est marié à cette Dame depuis
deux ans.

M. DE BONNEVUE.

A vous ! Madame.

Melle ANTIBULLE.

Oüi, Monsieur, & je suis au desespoir de m'être
alliée à des imposteurs.

M. DE BONNEVUE.

Madame, vous ne me surprenez pas, je me suis
toûjours defié d'un mariage secret. Il y a longtems
que j'en avois averti Madame Perette.

Mme PERETTE.

Oüi, Monsieur, & je suis fâché de ne vous avoir
pas crû plûtôt.

Melle PINSEBREF.

M. Prud'homme nous avoir ainsi trompé.

M. COURANT.

Il vouloit, ma foi, faire un Schisme dans la petite Eglise & avoir deux Papesses à la fois.

Mme PERETTE.

Les traitres nous avoir ainsi joué.

M. COURANT.

Madame, vous voyez les suites de la nouvelle
Morale. Que cela serve du moins à vous détromper.

Mme PERETTE.

C'en est fait, mon frere, je ne veux plus entendre parler de ces Imposteurs, ils m'ont pris la moi-

tié de mon Bien pour leurs prétenduës charités, &
ils vouloient encore m'enlever ce que j'ai de plus cher.

M. COURANT.

Ma sœur, il faut profiter de tout, voici la plus
belle occasion du monde pour satisfaire vos deux
Filles & vous mettre l'esprit en repos. M. de Bon-
nevüe demande ma Niéce en mariage.

M. DE BONNEVUE.

Cet honneur est toute mon envie.

M. COURANT.

Ma Niéce de Pinsebref veut se retirer du Monde.

Melle PINSEBREF.

Oüi c'est ma résolution.

M. COURANT.

Je vais luy chercher une Communauté bien Janseniste.

Melle PINSEBREF.

Non mon Oncle, depuis l'entretien que j'ai eu
avec vous, & après ce que je viens de voir, mon
cœur deteste une Secte où je ne vois que des Imposteurs ; Je suis resolu de faire un meilleur choix. Je
demande seulement à ma Mere de donner son consentement au mariage de ma Sœur.

Mme PERETTE.

Eh bien ma chere fille, je le donne trés volontiers.

M. DE BONNEVUE.

Madame voilà pour moy la plus heureuse parole
que je puisse entendre.

Melle JULIE.

Et moy j'y souscris de tout mon cœur.

Mme PERETTE.

Püssiez-vous l'un & l'autre gouter de vrais con-
tentemens ?

Melle ANTIBULLE.

Et moy Madame , je vais me faire separer en Justice de mon insensé de Mary ; Son avanture & celle
de son Frere n'y contribueront pas peu.

M. COURANT.

Madame , n'allez pas trop éventer la Meche,
vous luy feriez fort bien donner un Emploi sur nos
Galeres , si nous pouvons vous être utile à quelque chose , vous pouvez nous employer. Croyez-
moy, laissez-les où ils sont , la Maison des foux les
rendra sages. Allons mettre ordre à tout.

R O Z E T T E.

Pour moy je vais de ce pas chez le Monsieur le
Lieutenant de la Police, je veux qu'il me rende mon
cher M. Prud'homme & qu'il restituë M. Grosbec
à Madame Grosbec.

M. DE BONNEVUE.

Non Rozette demeure ici, ne vas pas te faire en-
fermer comme une folle, demeure avec nous rien ne
te manquera.

R O Z E T T E.

Je le crois, j'aurois bien voulu cependant voir
quelle mine peut faire non plus la Femme Docteur,
mais à coté de la Femme Docteur , le Theologien lo-
gé à Bicetre.

Fin du Bécherantisme.

ORDONNANCE
DU ROY,

Qui enjoint que la Porte du Cimetiere de Saint Medard *demeurera fermée.*

SA MAJESTE' étant informée de tout ce qui s'est passé, & de ce qui se passe encore journellement dans l'un des Cimetie-tieres de *S. Medard*, & notáment à l'occasion des mouvemens & agitations prétenduës involontaires, de differens Particuliers qui affectent de s'y donner en spectacle ; Sa Majesté auroit jugé à propos de donner ses ordres pour en faire arrêter plusieurs, & les faire examiner par un nombre considerable de Medecins & Chirurgiens, pour en dresser leur Raport, & porter leur jugement sur la cause & la nature desdits mouvemens & agitations : ce qui aïant été executé, lesdits Medecins & Chirurgiens ont attesté & declaré unanimement, que lesdits mouvemens n'ont rien de convulsif ni de surnaturel, & qu'ils sont entierement

volontaires de la part desdits Particuliers ;
d'où il resulte qu'on a cherché manifeste-
ment à faire illusion , & à surprendre la
credulité du Peuple. Sa Majesté a jugé ne-
cessaire de faire absolument cesser un tel
scandale , & le concours du Peuple , qui
est devenu d'ailleurs une occasion conti-
nuelle de discours licentieux , de vols &
de libertinage : Et elle s'est portée d'autant
plus volontiers à prendre cette resolution ,
qu'elle empêchera par là toute contraven-
tion & desobéïssance au Mandement donné par le Sieur Archevêque de Paris le 15
Juillet. Vû les Rapports , en date des 11,
15, 17, 18, 19, & 23. Janvier, signez par
les Medecins & Chirurgiens y dénommez ;
SA MAJESTE' a ordonné que la Porte
du petit Cimetiere de la Paroisse de Saint
Medard , sera & demeurera toûjours fermée ; fait défenses de l'ouvrir , si ce n'est
pour cause d'inhumation ; & défend pa-
reillement à toutes Personnes , de quelque état & qualité qu'elles soient , de s'af-
sembler dans les Ruës qui environnent le-
dit Cimetiere ; & autres Ruës, Places ou
Maisons , le tout à peine de désobéïssance ,
même de punition exemplaire, s'il y échet :

Enjoint au Sr Herault, Conseiller d'Etat,
Lieutenant General de Police de la Ville,
Prévôté & Vicomté de Paris, de tenir la
main à l'execution de la présente Ordonnance, qui sera lûë, publiée & affichée
par tout où besoin sera. FAIT à Versailles
le 27. Janvier 1732.

Signé LOUIS.

Et plus bas, PHELYPEAUX.

251